SIETE MAESTROS DEL DERECHO POLÍTICO ESPAÑOL

Colección: *Estudios Constitucionales*
Director: Francisco Rubio Llorente

JOAQUÍN VARELA SUANZES-CARPEGNA (ed.)

SIETE MAESTROS DEL DERECHO POLÍTICO ESPAÑOL

CENTRO DE ESTUDIOS POLÍTICOS Y CONSTITUCIONALES

Madrid, 2015

Catálogo general de publicaciones oficiales
http://publicacionesoficiales.boe.es/

Plaza de la Marina Española, 9
28071 Madrid
http://www.cepc.gob.es
Twitter: @cepcgob

NIPO: 005-15-069-0
ISBN: 978-84-259-1684-7
Depósito legal: M.30196-2015

Fotocomposición e impresión: Taravilla, S.L.
Mesón de Paños, 6 - 28013 Madrid
Mail: taravilla.sl@gmail.com

PAPEL RECICLADO
LIBRE DE CLORO

ÍNDICE

Págs.

PRESENTACIÓN
por Joaquín Varela Suanzes-Carpegna 9

RAMÓN DE SALAS Y LA NUEVA CIENCIA JURÍDICA (1753-1835)
por Ignacio Fernández Sarasola 13
1. *Profesor, divulgador y comentarista* 15
2. *Las traducciones y comentarios de Montesquieu, Bentham y Beccaria* ... 18
3. *Las «Lecciones de Derecho Público Constitucional»* 22
Notas 28

LIBERALISMO E HISTORIA EN EL DERECHO POLÍTICO. SEMBLANZA DE MANUEL COLMEIRO Y PENIDO (1818-1894)
por Sebastián Martín 35
1. *Vida profesional y obra académica* 37
2. *En un comienzo, fue la economía* 44
3. *Gobierno representativo…* 49
4. *….e historia «nacional»* 58
5. *La «verdadera providencia de los Estados»* 63
Notas 66

UN INFLUYENTE MAESTRO DEL DERECHO POLÍTICO ESPAÑOL: VICENTE SANTAMARÍA DE PAREDES (1853-1924)
por Joaquín Varela Suanzes-Carpegna 71
1. *Un catedrático adscrito al «liberalismo armónico»* 73
2. *El* Curso de Derecho Político *y otros escritos jurídicos y sociológicos* 76
3. *Parlamentario, ministro y preceptor regio* 86
Notas 89

Págs.

LA TRAYECTORIA INTELECTUAL Y POLÍTICA DE ADOLFO POSADA (1860-1944) *por* Joaquín Varela Suanzes-Carpegna 95
1. *Los años de formación* 97
2. *Catedrático en Oviedo* 100
3. *En el Instituto de Reformas Sociales y en la Universidad de Madrid* .. 105
4. *La jubilación, el exilio, la muerte* 107
Notas 111

FERNANDO DE LOS RÍOS (1879-1949). LA CONCEPCIÓN DEL ESTADO Y DE LA DEMOCRACIA DE UN SOCIALISTA HUMANISTA *por* Gregorio Cámara Villar 115
1. *Un destacado exponente de la «Generación del 14»* 117
2. *Apunte biográfico* 120
3. *Elementos centrales de su obra como intelectual y profesor de Derecho Político* 126
Notas 138

NICOLÁS PÉREZ SERRANO (1890-1961). SEMBLANZA Y DATOS BIOGRÁFICOS *por* Nicolás Pérez Serrano Jaúregui 143
1. Nota biográfica 145
2. *La «Revista de Derecho Público» y la ciencia jurídica europea en torno a 1930* 150
3. *La puesta en marcha de la Universidad Internacional de Verano de Santander (1932-1934)* 156
4. *El desempeño de la Secretaría del Colegio de Abogados de Madrid (1937-1939): la dignidad del oficio* 156
Notas 164

MANUEL GARCÍA-PELAYO (1909-1991). UNA VISIÓN HEGELIANA DEL ESTADO *por* Antonio López Pina 169
1. *Vida* 171
2. *Obra* 172
3. *Genealogía intelectual y metodología* 176
4. *Proyección* 180
Notas 183

PRESENTACIÓN

Las semblanzas que se recogen en el este libro permiten rastrear el desarrollo del Derecho Político Español a lo largo de los siglos XIX y XX. Bajo una compartida defensa del Estado constitucional y de una común dedicación académica, los siete biografiados abordaron esta disciplina desde unas premisas deudoras del liberalismo, aunque interpretándolo de forma muy diversa, y apreciándose en algunos casos el intenso influjo del krausismo y en otros el del socialismo reformista. Si tenemos en cuenta, además, que en el Derecho Político confluyen saberes científicos de muy diversa índole (jurídica, sociológica, filosófica e histórica), la lectura de este libro puede interesar no sólo a los cultivadores del Derecho Público y de la Ciencia Política (sin duda los más próximos herederos del viejo Derecho Político) sino también a todos los interesados en la historia intelectual española.

La primera semblanza se dedica a Ramón de Salas y es obra de Ignacio Fernández Sarasola, profesor Titular de Derecho Constitucional de la Universidad de Oviedo. Salas fue uno de los primeros teóricos de Derecho Constitucional en España. Como profesor en la Universidad de Salamanca (1771-1795) intentó modificar los estudios de Derecho, introduciendo las teorías ilustradas (Montesquieu, Filangieri, Beccaria, Heinnecio, Burlamaqui, Wolf, Vattel, Puffendorf y Grocio). De hecho, llegó a traducir algunas de las principales obras de la Ilustración Europea elaboradas por Genovesi, Montesquieu, Beccaría y Bentham. Durante el Trienio Liberal, Salas escribió su trabajo más conocido, *Lecciones de Derecho Público Constitucional*, que incluían no sólo un estudio teórico, sino también un análisis de la Constitución de 1812, si no el primero, si, al menos, el más sistemático. En esta obra intentó, además, introducir en España las teorías políticas de Constant y Destutt de Tracy.

La segunda semblanza se ocupa de Manuel Colmeiro y la ha escrito Sebastián Martín, profesor Titular de Historia del Derecho de la

Universidad de Sevilla. Se reconstruye en ella la trayectoria académica y profesional de este jurista, economista e historiador de considerable relevancia en la España liberal, desde sus años de formación hasta su consolidación como catedrático de Derecho Político y Administrativo en la Universidad de Madrid. La semblanza otorga un valor fundamental a sus ideas sobre economía, deudoras del liberalismo clásico de Bastiat. Sobre ellas se alza su teoría del gobierno representativo, en la que se aprecia la huella de los doctrinarios franceses. Colmeiro dedicó también parte de su obra a ilustrar los jalones históricos de la nación española, en consonancia con las urgencias intelectuales del periodo isabelino. Y cultivó asimismo el Derecho Administrativo, en unos títulos influyentes y con particular relieve historiográfico, pues ilustran de modo fidedigno la construcción del Estado liberal. Su obra más difundida fueron los *Elementos de Derecho Político y Administrativo* (1858), que en 1887 alcanzaba su séptima edición.

Yo me he ocupado de los dos autores glosados a continuación: Vicente Santamaría de Paredes y Adolfo Posada. El primero fue el más influyente cultivador del Derecho Político durante la Restauración. Sucesor de Colmeiro y predecesor de Adolfo Posada en la Cátedra de esa disciplina en la Universidad Central, sus principales obras fueron el *Curso de Derecho Político* y el *Curso de Derecho Administrativo.* Ambas vieron la luz por vez primera en los años ochenta del siglo XIX y fueron objeto de numerosas reediciones. Tuvo además Santamaría una notable actividad como abogado, como parlamentario en las filas del Partido Liberal, como ministro de Instrucción Pública y Bellas Artes en un Gobierno presidido por Segismundo Moret y como preceptor del Rey Alfonso XIII. A Santamaría se debe el impulso de la ley que en 1888 reformó la jurisdicción contencioso-administrativa y que trazó la nueva planta del Consejo de Estado. De su trayectoria, sobre todo académica en el ámbito del Derecho Político, se ocupa esta semblanza.

Adolfo Posada, por su parte, fue el más influyente cultivador español de la Teoría del Estado, la Sociología y la Ciencia Política durante las dos últimas décadas del siglo XIX y las tres primeras del XX. En esta semblanza se examina, en primer lugar, sus años de formación bajo el decisivo ascendente del krausismo y en particular de Francisco Giner de los Ríos y de Gumersindo de Azcárate. Se analiza a continuación su fecunda labor, entre 1893 y 1904, como Catedrático en la Universidad de Oviedo, en la que además de escribir numerosos trabajos, entre ellos el *Tratado de Derecho Político*, su obra cumbre, llevó a cabo una fructífera labor de divulgación cultural. Las páginas siguientes se ocupan de su actividad en el Instituto de Reformas Sociales, desde 1904 a 1924, en el Partido Reformista y en la Universidad madrileña. Concluye esta semblanza con una exposición de su vida y obra desde la proclamación de la II República hasta su muerte, tras un penoso exilio a resultas de la Guerra Civil.

La semblanza de Fernando de los Ríos es obra de Gregorio Cámara Villar, catedrático de Derecho Constitucional de la Universidad de Granada. Tras resaltar su pertenencia a la llamada «Generación del 14», se exponen los hitos más relevantes de su trayectoria intelectual y política, como su estrecha vinculación a la Institución Libre de Enseñanza, sus estancias en las Universidades de Jena y Marburgo, su Cátedra en la Universidad de Granada desde 1911 a 1930, año en que se traslada a la Universidad de Madrid, su adhesión a la Liga de Educación Política en 1913, su ingreso en el PSOE en 1919, su firme oposición a la Dictadura de Primo de Rivera y su relevante participación como diputado y ministro en la II República. Un último apartado, el más extenso, examina su pensamiento respecto de algunas cuestiones esenciales para el Derecho Político, como el Estado y la democracia, a partir de unas premisas acordes con un socialismo humanista y reformista, inspirado en la filosofía krausista y neokantiana y, en el plano más académico, en el influjo de algunos teóricos alemanes, como Jellinek, a quien tradujo, Heller y Hugo Preuss.

Nicolás Pérez- Serrano Jaúregui, Letrado de las Cortes Generales, aporta datos biográficos poco conocidos de su padre, Nicolás Pérez Serrano, y ofrece en el primer apartado una semblanza comprimida con sus rasgos y datos esenciales, entre ellos su relación con su maestro Adolfo Posada, a quien sucede en la Cátedra de Derecho Político de la Universidad Central de Madrid. Una disciplina a la que dedicaría un *Tratado*, publicado póstumamente. Los otros tres apartados se contraen a tres aspectos concretos, cercanos entre sí en el tiempo (1932-1939), y que dan cuenta de la aparición de la «Revista de Derecho Público», cuya dirección ostentó y que se convirtió en la más relevante publicación española de la época en ese campo; de su participación en la puesta en marcha de la Universidad de Verano de Santander («Internacional» más tarde y luego «Menéndez Pelayo») y a su desempeño del cargo de Secretario del Colegio de Abogados de Madrid en plena Guerra Civil.

Antonio López Pina, catedrático de Derecho Constitucional de la Universidad Complutense de Madrid, es el autor de la última semblanza, dedicada a Manuel García Pelayo. Tras poner de relieve algunos datos biográficos esenciales para comprender su trayectoria intelectual (sus estudios de Derecho en la Universidad de Madrid entre 1927 y 1933, su estancia en la Residencia de Estudiantes y más tarde en Viena y Berlín, su incorporación al ejército de la República y su posterior exilio en Hispanoamérica) se pasa revista a su vasta obra, en la que se abordan temas propios de la Filosofía del Derecho, de la Historia del Pensamiento Político, de la Sociología y del Derecho Constitucional. El Estado, desde una concepción hegeliana en la que se subraya tanto su dimensión normativa como empírica, sería un constante tema de estudio, bajo la decisiva influencia del pensamiento alemán. Por último, se examina la proyección de su obra a partir del enorme influjo de su *Derecho Constitucional Comparado* (publicado por vez primera en 1950) y de su labor como Presidente del Tribunal Constitucional desde 1980 a 1986.

Quiero terminar esta presentación dando las gracias a todos los colaboradores de este libro, así como a los profesores Óscar Alzaga y Fernando Reviriego, director y subdirector, respectivamente, de «Teoría y Realidad Constitucional», en donde las siete semblanzas vieron primeramente la luz entre 2006 y 2014. La de Ramón de Salas se publicó en el nº 28 (2011), la de Colmeiro en el 31 (2013), la de Santamaría de Paredes en el 34 (2014), la de Posada en el 25 (2010), la de Fernando de los Ríos en el 30 (2012), la de Pérez Serrano en el 18 (2006) y la de García Pelayo en el 23 (2009). Mientras estas dos últimas fueron solicitadas a sus autores directamente por el director de la mencionada Revista, yo acepté con mucho gusto su propuesta de coordinar las restantes. Como es lógico las semblanzas se publican ahora siguiendo la cronología de los autores biografiados y no el orden de su publicación. Mi agradecimiento se extiende también al Centro de Estudios Políticos y Constitucionales, sin duda el lugar más idóneo para publicar este libro.

JOAQUÍN VARELA SUANZES-CARPEGNA
Oviedo, julio de 2015

RAMÓN DE SALAS Y LA NUEVA CIENCIA JURÍDICA (1753-1835)

IGNACIO FERNÁNDEZ SARASOLA

LECCIONES

DE

DERECHO PUBLICO

CONSTITUCIONAL,

PARA LAS

ESCUELAS DE ESPAÑA.

POR RAMON SALAS,

Doctor de Salamanca.

TOMO I.

MADRID:

Imprenta del CENSOR, Carrera de S. Francisco.

1821.

1. Profesor, divulgador y comentarista

Nacido en la aragonesa localidad de Belchite en 1753, Ramón de Salas y Cortés comenzó su formación superior en Guatemala, bajo la tutela del Arzobispo de aquella localidad, a la sazón tío suyo. Allí empezó a estudiar en la Facultad de Artes de la Real Universidad de San Carlos, donde en diez años se graduó como Bachiller en las Facultades de Teología, Artes y Leyes, cursando al tiempo varias asignaturas de filosofía moral y de Derecho. Mostrando su preferencia por la formación de jurista, en 1773 Salas se trasladaba a Salamanca, con el fin de culminar su licenciatura en leyes.

Apenas dos años antes, en 1771, se había establecido en aquella Universidad un nuevo plan de Estudios que fijaba una mayor atención al Derecho nacional en detrimento del Derecho Romano, aspecto que marcó la formación de Salas. En 1776 obtuvo la licenciatura en Leyes y ese mismo año alcanzó también el grado de Doctor en la misma disciplina. Su ascenso en la Universidad salmantina fue rápido, resultando elegido primero Vicerrector, para pasar en 1778 a ocupar el cargo Rector por unanimidad del Claustro, puesto que, sin embargo, apenas desempeñó durante un año.

Tras ocupar varias plazas de sustituto de cátedras diversas, en 1792 obtuvo al fin en titularidad la cátedra de Regencia de Instituciones Civiles, donde, muy a su pesar, hubo de acomodarse en sus explicaciones al Digesto, método docente que en nada convencía a una mente racional y sistemática como la de Salas. Muy posiblemente habría preferido tener la ocasión de ocupar la cátedra de Filosofía Moral en la que, desde que Meléndez Valdés elaborase un informe en 1789 sobre la renovación de los estudios, se explicaba oficiosamente el Derecho Natural y de Gentes[1]. En todo caso, su vida universitaria estuvo marcada por no pocas contiendas, explicables en la pugna entre los sectores conservador y renovador de la Universidad salmantina[2].

Es obvio que Salas perteneció al segundo de estos grupos. En sus enseñanzas, Salas debió de caracterizarse por un talante progresista, al punto de ser acusado de difundir doctrinas perniciosas y de promover que los estudiantes examinasen los vicios de las leyes. Una presunta falta de la que Salas se defendió alegando que el dinamismo era una característica ínsita a las normas, lo que obligaba a todo buen jurista a indagar tanto las razones de los cambios normativos, como las causas de las diferencias legislativas entre los Estados[3]. De este particular modo, Salas dejaba patente cómo el estudio del Derecho obligaba a un cabal conocimiento del «espíritu de las leyes». No es de extrañar que el profesor aragonés promoviese la lectura de Montesquieu entre sus estudiantes[4]. Como tampoco lo es que entre sus estudiantes predilectos descollase uno que habría de representar un destacado papel político y que coincidiría en Salas en el partido afrancesado durante la guerra de la Independencia: José Marchena[5].

Persona ávida de conocimiento, Salas abordó las más variadas lecturas, que le proporcionarían una extraordinaria formación no sólo en leyes, sino también en filosofía política. Había leído, por supuesto, a los más importantes autores británicos, desde Hobbes hasta John Locke, pasando por Hume y Adam Smith. Los tratados de los italianos Gaetano Filangieri y Cesare Beccaria también se hallarían entre sus predilectos, lo que explica su preferencia por el nuevo Derecho Penal sobre el que escribirían Valentín de Foronda y Manuel de Lardizábal, entre otros. Por supuesto, se hallaba perfectamente informado de los grandes tratadistas del iusracionalismo y del *ius gentium*: Heinnecio, Burlamaqui, Wolf, Emer de Vattel, Puffendorf y Grocio. Y, por lo que se refiere a Francia, no dejaría de leer a Rousseau, en tanto que sus referencias a los enciclopedistas son muy escasas.

Es obvio que estas lecturas de algunos de los más modernos autores habría de repercutir en las enseñanzas de Salas. Lejos de limitarse a la docencia de las instituciones civiles, Salas buscó la oportunidad de exponer las teorías de economía política de Adam Smith en la Academia de Derecho Español y Práctica Forense, que él mismo fundaría y para cuya docencia elaboró unas «Apuntaciones al Genovesi y extracto de las Lecciones de Economía Civil»[6]. Se trataba de una exposición libre y comentada de las *Lezioni di Commercio* (1765-1767) elaboradas por el italiano Antonio Genovesi, publicadas en castellano entre 1785 y 1786, con traducción de Victorián de Villava[7]. Estas apuntaciones mostrarían en buena medida las preferencias iusfilosóficas de Salas. Partiendo de una innegable influencia de Rousseau y Locke, Ramón de Salas defendía en sus *Apuntaciones* la idea de estado de naturaleza, que él presumía como presupuesto filosófico —que no real— de Estado y Sociedad, a igual que lo hiciera Kant. Un estado de naturaleza que, a diferencia de Hobbes, él no describía como situación hostil. De resultas, el abandono de esta situación de independencia absoluta no derivaba tanto de sus peligros como del sentimiento de amor propio, pero también de benevolencia, dominante en los sujetos. El pacto social que marcaba el punto y final del estado de naturaleza habría implicado una renuncia parcial a sus derechos naturales —entre los que destacaba, como en Locke, la propiedad— para constituir un Estado que debía velar por el respeto de las libertades conforme a un principio de intervención mínima. Alejándose una vez más de Hobbes en su teoría del Estado, para Salas el pacto social conducía a la formación de la soberanía nacional, un principio que el aragonés seguiría manteniendo en los años sucesivos.

En las notas que Salas elaboró al texto de Genovesi también abundaban las reflexiones en torno a las formas de gobierno[8], aspecto en el que se nota, sin embargo, una mayor influencia del *Espíritu de las leyes* de Montesquieu y los *Entretiens de Phocion* de Mably. Detractor de cualquier forma de gobierno despótica, Salas mostraba su preferencia por una Monarquía templada a través de la presencia de cuerpos intermedios, tal cual había descrito el barón de la Brède. La mayor discrepancia de Salas con Montesquieu residía en la identificación de los principios característicos de las diferentes formas de gobierno. Si Montesquieu consideraba que la virtud era el valor propio del gobierno republicano, Salas entendía que se aplicaba a cualquier régimen político. Con ello mostraba su interés no ya por mutar en esos momentos el sistema de gobierno español (de hecho no llegaba a teorizar sobre la división de poderes o el sistema representativo), sino por, al menos, moralizar el existente.

Intelectualmente combativo, Salas no sólo divulgaba sus ideas en el foro académico, sino en su propio domicilio, donde celebraba tertulias a las que se acusó de constituir foros de difusión de nocivas teorías políticas. Esta fama explica el que durante bastante tiempo se atribuyese a Salas el panfleto crítico *Oración apologética en defensa del estado floreciente de España*, más conocido como *Pan y Toros*. Un texto que se atribuyó también a Jovellanos[9] y a Vargas Ponce[10], aunque su verdadero autor fue León de Arroyal[11].

En todo caso, lo cierto es que el acervo de lecturas y la actividad desarrollada acabaron por marcar a Salas ante la Inquisición, especialmente a partir de la Revolución Francesa y la purga ideológica que ésta trajo consigo en España. En realidad, tres años antes de la toma de la Bastilla un oriundo del pueblo natal de Salas le denunció, afirmando haberle oído promover la lectura de libros prohibidos que contendrían máximas contra la religión católica. En 1792 su nombre aparecía vinculado a Rousseau, un mal compañero de viaje, como también tendría ocasión de percatarse en 1799 Jovellanos[12]. En 1793 y 1794 se revisó la biblioteca de Salas, hallándose ejemplares prohibidos, entre los que figuraba una copia manuscrita de la ya citada *Oración apologética*, hecho que contribuyó a imputarle su autoría. En tal tesitura, Salas huyó a Alba de Tormes y Segovia, para ser finalmente detenido en Madrid, en 1795, y juzgado en el Tribunal de Corte, que lo declaró culpable de divulgar y traducir obras supuestamente peligrosas para la religión. El 25 de septiembre de 1796 Salas fue condenado a reclusión en un convento por un año (que no llegó a cumplir, al exonerarle el Rey)[13] debiendo permanecer otros tres de destierro alejado de Madrid, su Belchite natal y Salamanca. Una condena que entrañó, al tiempo, la pérdida de su cátedra[14]. Privado de sustento, al menos obtuvo del claustro de la Universidad salmantina en 1797 una ayuda económica.

Poco se sabe de él tras su procesamiento. Muy posiblemente hubiese ejercido de abogado en Madrid hasta la guerra de la Independencia. En ese momento, Salas se sumará al bando afrancesado, aspecto que ha sido controvertido entre la historiografía[15], pero que hoy aparece contrastado[16]. Salas fue intendente en Guadalajara hasta 1810, momento en el que pasó a ocupar el cargo de prefecto en esa misma provincia. En enero de 1811 se le designó prefecto de Toledo[17], cargo que ostentaría hasta la batalla de Vitoria, momento en el que se ve obligado a exiliarse a Auch en 1813[18] para volver en 1820, fecha en la que, incluso, se afirma que fue elegido para las Cortes de ese mismo año[19]. Parece, sin embargo, que se habría dedicado a la abogacía hasta el fin de sus días, en 1835.

2. Las traducciones y comentarios de Montesquieu, Bentham y Beccaria

Siempre atento a divulgar la doctrina extranjera que consideraba más relevante, Salas realizó una encomiable labor de traducción que solía acompañar de sustanciosos comentarios reveladores de su propio pensamiento jurídico-político.

En 1821 Salas tradujo el *Comentario sobre el espíritu de las leyes*, elaborado por Destutt de Tracy a partir de la inmortal obra de Montesquieu[20]. Una traducción que contribuiría sobremanera a la difusión no ya de Montesquieu (muy anterior en el tiempo, por supuesto)[21] si no de las teorías de Destutt de Tracy que más tarde serían asumidas por el liberalismo doctrinario español.

Salas catalogaba a Montesquieu como *«el primero que redujo la legislación a un sistema razonado»*[22], y el que había abierto el camino a los gobiernos representativos al mostrar a los hombres sus derechos largamente olvidados, infundiéndoles el deseo de recobrarlos. Pero, a salvo de esta admiración por el presidente del Parlamento de Burdeos, Salas no ocultaba tampoco lo que, a su parecer, constituían algunos errores en Montesquieu. Uno de ellos habría sido el excesivo apego por el gobierno británico, que le había impedido percibir los vicios que los publicistas posteriores habían apuntado. Una referencia, posiblemente, a la distancia que separaba el sistema ideal de *check and balances* descrito por Montesquieu, del verdadero gobierno británico modelado por las convenciones constitucionales y que habían descrito, con mayor o menor fortuna, Paley, Paine o Burke[23]. Por su parte, de Destutt de Tracy decía ser experto en las dos grandes escuelas política, la francesa y la norteamericana *«que es hoy el país clásico de la libertad»*[24], afirmación que encerraría una preferencia por este último sistema de gobierno, luego desarrollada en sus *Lecciones de Derecho Público Constitucional*.

La traducción de Destutt de Tracy le parecía al zaragozano especialmente pertinente en el Trienio, alumbrado por *«una Constitución sabia y amiga del pueblo»*[25], y necesitado de que se difundieran ideas liberales. De hecho, como veremos en el siguiente epígrafe, algunos de los vicios que Salas percibió en la Constitución de Cádiz responden a la aplicación de las teorías de Destutt de Tracy, a las que se añadirían también las doctrinas de Benjamín Constant, traducido en 1820 por Marcial López.

Dos años más tarde de traducir a Destutt de Tracy, Salas publicaba en ocho volúmenes los *Tratados de legislación civil y penal* de Bentham, a partir de la traducción elaborada por Etienne Dumont[26]. De este modo, Salas se ocupaba de las teorías codificadoras modernas de Bentham en dos campos jurídicos que siempre le habían interesado especialmente, el Derecho Privado (que enseñaba en la Universidad de Salamanca) y el Derecho Penal[27].

Salas confesaba la deuda que tenía con Bentham, al que había decidido traducir para que el filósofo inglés pudiese ser apreciado en España como ya lo era en otros países[28]. Si Montesquieu había impulsado los estudios legislativos modernos, Bentham había supuesto una auténtica revolución, a la que, por otra parte, habrían contribuido también a su modo Filangieri y, sobre todo, Beccaría.

Pero, a pesar de la admiración que profesaba por Bentham, no ocultaba algunas diferencias con el filósofo inglés. La primera de ellas en lo referente en el muy distinto papel conferido a la religión, que Salas —quizás por sus experiencias anteriores— decía no compartir con Bentham[29]. Un segundo punto de discrepancia se refería al protagonismo conferido a la participación ciudadana. En efecto, para el publicista británico, un gobierno podía ser feliz con buenas «leyes secundarias», aun cuando el pueblo no participase en el gobierno. Muy al contrario, el Salas del Trienio consideraba que nunca las leyes podrían ser buenas si no representaban la voluntad general[30], por lo que discrepaba con un autor al que, en este punto, estimaba poco liberal. Parece claro que el giro «benthamita» de Salas no le había hecho renunciar a sus premisas rousseaunianas, a las que seguía fiel.

En cualquier caso, y más allá de estas diferencias con Bentham, lo cierto es que Salas se convertiría, junto con Toribio Núñez, en uno de sus más importantes introductores en España. Antes del Trienio, Bentham había circulado tímidamente por España, percibiéndose su presencia precisamente en la Universidad de Salamanca y, de forma aislada, dentro de las Cortes de Cádiz, donde Agustín Argüelles hizo gala del utilitarismo benthamiano y rechazó la teoría de los derechos naturales en términos muy similares a como lo había hecho Bentham[31]. También durante las Cortes de Cádiz, Blanco White —a instancias de Lord Holland— trató de difundir las *Tácticas de las Asambleas Políticas* de Bentham[32], obra que, a su parecer, permitiría dotar las discusiones parlamentarias celebradas en la Isla de León de un procedimiento que, faltaba hasta entonces.

Conviene recordar que durante el Trienio, la relación de Bentham como España fue bilateral. El filósofo británico se interesó especialmente por nuestra nación, en ocasiones para criticar algunos defectos que percibía en la Constitución de Cádiz y, muy en particular, para reclamar la independencia de los territorios ultramarinos[33]. También mantuvo una interesante correspondencia con el conde de Toreno, aconsejándole sobre los derroteros por los que debía discurrir la codificación penal en España[34].

Sensu contrario, tanto los liberales moderados como los exaltados emplearon las enseñanzas de Bentham. Los primeros hicieron uso de su positivismo para rechazar las teorías de los derechos naturales, en tanto que los segundos acudirían al primer Bentham, mucho más radical y al que tendrían en alta estima. De hecho, en octubre de 1820 José Joaquín de Mora puso en conocimiento de las Cortes el interés de Benthampor la situación política española, remitiendo alguna de sus obras. Entre los diputados que se sumaron al halago de Bentham tras la citada exposición se hallaban los exaltados Puigblanch (que fue quien la presentó en Cortes) y Palarea, que solicitó se hiciera mención honorífica al inglés en el Diario de Sesiones[35]. Poco después, la Sociedad Patriótica de *La Cruz de Malta* llegó a nombrar al filósofo inglés miembro honorífico[36].

Volviendo a Salas, la última obra suya de la que se tiene conocimiento se publicó en 1836. Se trataba de unos comentarios al *Tratado de los delitos y las penas* de Beccaría[37]. Un autor que, como hemos visto, fue muy admirado por el aragonés, y que había tenido —a igual que Filangieri[38]— una notabilísima repercusión en la España ilustrada y liberal. A diferencia de las anteriores obras extranjeras publicadas por Salas, los «Comentarios» a Filangieri no incluían la traducción del texto italiano, y contenían exclusivamente las reflexiones que a Salas le merecía cada capítulo.

Mantenía Salas su vocación iusnaturalista, diferenciando entre el hombre natural y civil[39], y admitiendo como hipótesis filosófica el estado de naturaleza[40], aspecto éste en el que rechazaba las teorías positivistas de su otro gran admirado: Jeremy Bentham. Salas, sin embargo, coincidía en ese punto con el propio Beccaría, al que igualmente seguía al afirmar que el pacto social había supuesto una renuncia parcial de los derechos subjetivos a fin de conformar la Sociedad y el Estado. Constituidas éstas, la soberanía revertía en la colectividad, única capaz de elaborar la ley, como expresión de la voluntad general y, de resultas, única que podía también interpretarla. En lo sustancial, Salas no se separaba de Beccaría. Como el ilustrado italiano, postulaba el principio de intervención mínima del derecho penal, basado en la proporcionalidad entre los delitos y la pena que llevaban aparejada, y rechazaba frontalmente las duras medidas penitenciarias y la ausencia de formalidades procesales que habían caracterizado a la actividad punitiva del Antiguo Régimen.

La traducción de Beccaría en 1836 es la última referencia que se conoce de Ramón de Salas, cuya vida entre la guerra de la Independencia y la mencionada fecha es una incógnita. Posiblemente se hubiese dedicado desde 1798 al ejercicio activo de la abogacía, falleciendo en la también incierta fecha, posiblemente en 1837[41]. Pero de tan anónima vida, Salas dejó una huella a través de una obra escrita en 1821 y que, por su importancia merece un tratamiento específico, al que dedicaré el siguiente epígrafe.

3. Las «Lecciones de Derecho Público Constitucional»

Tras la aprobación de la Constitución española de 1812 se sucedieron varios opúsculos y tratados que pretendían exponer de forma más o menos sistemática el contenido del nuevo texto normativo. Se trataba de una tarea promocional y propagandística no exenta de intenciones educativas[42].

El primer género que proliferó fue el de los catecismos políticos, concebidos a modo de preguntas y respuestas[43]; un estilo literario también empleado en las *Lecciones políticas para el uso de la juventud española*, elaboradas por López Cepero[44]. A estos opúsculos se vendrían a sumar diversas exposiciones sistemáticas del articulado[45], e incluso algún diccionario[46]. Durante el Trienio Liberal este tipo de obras se incrementó, sobre todo a raíz de la instalación de Cátedras constitucionales en virtud de lo dispuesto por el artículo 368 de la Constitución gaditana: «El plan general de enseñanza será uniforme en todo el reino, debiendo explicarse la Constitución política de la Monarquía en todas las universidades y establecimientos literarios donde se enseñen las ciencias eclesiásticas y políticas»[47]. Así, Nicolas María Gareli elaboró un *Compendio o índice analítico de la Constitución política española*[48], para aplicar a la instrucción en las cátedras que instaló en Valencia 1814 y 1820[49], en tanto que Contini redactó una cartilla explicativa del texto gaditano para la instrucción en Baza[50], y Bruy y Lastre hicieron otro tanto para aplicarlo a los estudios del colegio de San Isidro de Madrid[51]. De mayor calado es la obra de Eudaldo Jaumeandreu, publicada en 1820 bajo el título *Curso elemental de Derecho Público*[52]. La obra estaba dividida en doce libros, los tres primeros dedicados a la teoría del Derecho Público y de Gentes[53], en tanto que los restantes reflexionaban sobre los diversos Títulos de la Constitución española de 1812.

Con estos precedentes, Ramón de Salas abordó la tarea de escribir sus *Lecciones de Derecho Público constitucional para las escuelas de España* en 1821[54]; obra que, como su propio título indica, pretendía servir para toda España con los propósitos docentes prescritos en el ya citado artículo 368 de la Constitución, y a tenor del plan de estudios de 1821, que había introducido la asignatura de Derecho Público Constitucional en las Facultades de Jurisprudencia. El texto, adoptado en el Ateneo español[55] y que llegó a traducirse al portugués[56], guarda no poca relación con el libro de Jaumeandreu, particularmente al estructurarse en este caso en dos tomos, el primero de los cuales referido al Derecho Público general, y el segundo al análisis de la Constitución española de 1812. Aun así, su carácter más detallado y su estructura más sistemática ha permitido que la doctrina considere que esta obra, y no la de Jaumeandreu ni aun la traducción libre realizada por Marcial López de Constant[57], puede considerarse en sentido propio como la obra fundadora de la ciencia española del Derecho Constitucional[58].

En realidad, los dos tomos de la obra de Salas, aunque posiblemente redactados de forma autónoma[59], guardan entre sí una estrecha relación de generalidad-especificidad. Si el primer volumen presenta lo que debe ser el Derecho Público Constitucional, el segundo analiza bajo este prisma el articulado de la Constitución gaditana, con un resultado no siempre favorable a ésta.

Un primer punto distancia ya a Salas de la Constitución de 1812: en tanto ésta se había tratado de fundamentar —sobre todo en el *Discurso Preliminar*— a partir de la tradición nacional, el aragonés muestra un mayor espíritu racionalista. Ello no impide que Salas se muestre partidario de evitar las revoluciones, procurando, por el contrario, un cambio gradual, a medida que la progresiva ilustración del pueblo lo permita. Y es que de nada valdría copiar instituciones extranjeras contrarias a hábitos adquiridos, ya que nunca llegarían a contar con el apoyo popular, verdadero sostén de las Constituciones. A pesar de esta afirmación general, lo cierto es que Salas no tendría empacho en elogiar algunas decisiones del constituyente gaditano que quebraban con el Antiguo Régimen, como, por ejemplo, la supresión del Consejo de Castilla y, con él, del régimen polisinodial español[60].

El primer tomo de las *Lecciones* se dedica a definir la Constitución y analizar el que debiera ser su contenido. En efecto, para Salas la Constitución se definiría en términos formales y materiales. Formalmente las leyes constitucionales se caracterizarían por ser fundamentales (apoyo del edificio social) y primarias (debían conformarse con ellas las normas secundarias o referentes a intereses particulares). Materialmente la Constitución, como regla con la que un pueblo deseaba ser gobernado, debía contener necesariamente una declaración de derechos y la división de poderes, tal cual había fijado el artículo 16 de la Declaración de derechos francesa de 1789.

¿Se ajustaba la Constitución española a este contenido? Por lo que se refiere a la declaración de derechos es evidente que no. Y Salas la echaba de menos, por más que el artículo cuarto mencionase la libertad, propiedad y «demás derechos legítimos». En vez de incluir esta materia, propiamente constitucional, Salas veía cómo el texto gaditano había optado por acoger numerosas disposiciones «reglamentarias»[61]; crítica, por otra parte, que ya habían expuesto los realistas en los debates constituyentes.

A pesar de su admiración por Bentham en lo que se refiere a la codificación civil y penal, Salas no coincidía con el filósofo inglés a la hora de fundamentar los derechos subjetivos. Rehuyendo del positivismo —que por aquel entonces ya postulaban los liberales moderados—, Salas partía del origen natural de los derechos. Al entrar en sociedad, los individuos habrían renunciado a la titularidad de algunos de estos derechos, limitando el ejercicio de otros. Y la Constitución sería, precisamente, la norma que debía consignar aquellos derechos que los sujetos habían reservado para su uso privativo. De ahí derivaba la distinción entre la libertad natural (o preestatal), y la libertad civil, que no era sino la anterior pero moderada por la presencia de la ley positiva.

De entre los derechos subjetivos, Salas destacaba la propiedad y la libertad. Por lo que se refiere a la primera, el publicista aragonés seguía muy de cerca las teorías lockeanas, ya presentes en sus *Apuntaciones* a Genovesi, definiendo la propiedad como el derecho basilar del Estado. Junto a él, Salas mencionaba las manifestaciones específicas del derecho de libertad: las libertades individual, de imprenta, de conciencia y el derecho de petición. Unas libertades que, a pesar de resultarle imprescindibles a Salas, no habían hallado igual acomodo en la Constitución gaditana.

En efecto, la primera de las libertades, la individual, entrañaba la seguridad personal, objeto último por el cual los individuos renunciaban al estado de naturaleza. Y tal libertad sí se hallaba protegida por la Constitución de 1812, a la que no faltaban disposiciones procesales y garantías jurisdiccionales. La libertad de imprenta, por su parte era *«la más importante de todas las libertades»*, por cuanto actuaba como salvaguarda de las restantes[62]. Sin embargo, al parecer de Salas, la Constitución no la reconocía en toda su extensión, al admitir apenas la libertad de escribir sobre materias políticas[63]. Finalmente, la libertad de conciencia y el derecho de petición no aparecían consignados en el texto constitucional. De hecho, Salas reprochaba a los constituyentes el haber renunciado a instaurar la tolerancia religiosa; un aspecto, éste, en el que se distanciaba de cuanto había dicho en sus *Apuntaciones* al Genovesi, en las que había considerado la oficialidad religiosa como un factor fundamental para garantizar la tranquilidad del reino.

El segundo contenido que debía incluir la Constitución era la división de poderes. Un nuevo detalle que había faltado en las *Apuntaciones* que había realizado a la obra de Genovesi y en las que, según vimos, Salas no había mencionado esa forma de organizar el poder público, posiblemente porque en aquel entonces no estaba en su mente alterar la forma de gobierno nacional.

La propuesta de Salas en sus *Lecciones* consistía en tomar como modelo el sistema de separación de poderes rígida norteamericano, renunciando expresamente al modelo de *checks and balances* británico. A su parecer, este último régimen implicaba un constante estado de guerra entre los poderes públicos de modo que, para evitarlo, nada mejor que deslindar con claridad sus competencias, instaurando a la vez un órgano encargado de dirimir las controversias que pudieran suscitarse. Aun así, como veremos enseguida, no dejaba de contemplar algunos elementos propios del sistema parlamentario de gobierno.

En una primera aproximación a la separación de poderes, Salas consideraba que éstos eran sustancialmente tres: el legislativo (querer), el ejecutivo (obrar) y el judicial (aplicar). Sin embargo, a ellos se añadirían otros, el regulador y el conservador, fruto de la influencia que sobre Salas ejercieron Benjamín Constant y Destutt de Tracy.

En la configuración de legislativo, Salas percibía en el texto gaditano una mezcla de disposiciones beneficiosas con otras perjudiciales. Así, rechazaba el sistema de elecciones indirectas, así como la imposibilidad de que los representantes pudiesen resultar reelegidos. Sin embargo, sí consideraba adecuado el veto meramente suspensivo que se había concedido al Rey sobre las leyes, a fin de evitar los abusos que entrañaba el veto absoluto y que, a su parecer, quedaban patentes en la Constitución francesa de 1814[64]. En la configuración que Salas efectuaba del Ejecutivo se perciben más notas de modernidad. Por una parte, deslindaba este poder del Real o Regulador, que competía al Monarca, como enseguida veremos. Pero, además, proponía que los ministros —nombre a su parecer más apropiado que el de Secretarios del Despacho— se integrasen en un órgano colegiado, presidido por uno de sus miembros y elegido por el Rey con la anuencia del cuerpo conservador. Los ministros, que podrían ser también diputados, debían ser responsables ante el Parlamento y el Cuerpo Conservador, de modo que cada uno de estos cuerpos podía actuar indistintamente de acusador y de tribunal[65].

De lo descrito, no cabe duda de que Salas planteaba algunos elementos propios del sistema parlamentario de gobierno, aunque tal afirmación debe adoptarse con mucha cautela, porque otros muchos aspectos se oponían a este planteamiento. Así, la idea de responsabilidad exclusivamente jurídica, o la inexistencia de una relación fiduciaria entre el Parlamento y los ministros. Y, en fin, el extenso poder del Monarca, que distaba de ser una figura meramente formal. En este punto, Salas no se distanciaba de lo que fue común entre los moderados del Trienio, que combinaban la defensa de la separación de poderes rígida con algunos elementos característicos del sistema parlamentario de gobierno, lo que teóricamente acabaría conduciendo a una propuesta híbrida que podría definirse de «semipresidencial»[66].

En le exégesis de Salas, si los ministros constituidos en Gabinete debían asumir el poder ejecutivo, al Monarca le correspondería, por el contrario, el poder real o regulador, evidentemente inspirado en la idea de *pouvoir neutre* de Constant. Sin ejercer directamente ninguno de los restantes poderes estatales, al Rey le correspondía una tarea de impulso y tutela sobre ellos que le permitía interferir en sus cometidos. Así, intervenía sobre el Legislativo (convocación, disolución, veto suspensivo), el Ejecutivo (elección y destitución de los ministros), el Judicial (nombramiento de jueces) y el Conservador (solicitud de declaración de inconstitucionalidad de actos del poder legislativo o ejecutivo).

Otro poder de nueva planta concebido por Salas era el denominado «Poder Conservador». Si el poder regulador había sido concebido a partir de las teorías de Constant, este otro poder nacía de la influencia directa de Destutt de Tracy, quien lo consideraba como *«la clave de la bóveda sin la cual ninguna solidez tiene el edificio ni puede subsistir»*[67]. Este poder, atribuido a un Senado, no estaba concebido como una auténtica segunda cámara legiferante, ya que carecía de iniciativa, deliberación o veto en el procedimiento legislativo. Por el contrario, se trataba de un cuerpo no aristocrático encargado de velar por la Constitución, para lo cual podía, entre otras cosas, verificar los poderes de los diputados, acusar o destituir a los ministros, declarar la inconstitucionalidad de los actos de legislativo y del ejecutivo o declarar la procedencia de una reforma constitucional. Unas tareas, en definitiva, de garantía constitucional en las que se percibe también la huella del *jury constitutionnel* diseñado por Sieyès. Pero, por otra parte, también asumía cometidos que podrían calificarse como consultivos: así, la propuesta al Rey de miembros del poder ejecutivo y judicial. De este modo, Ramón de Salas mostraba su preferencia por este órgano en detrimento del Consejo de Estado instaurado por las Cortes de Cádiz y que, a su parecer, no cumplía con las exigencias necesarias para poder erigirse en un auténtico cuerpo conservador.

Finalmente, por lo que se refiere al poder judicial, las teorías de Salas no resultaban excesivamente originales. En este punto se hallaba más próximo a la regulación del texto gaditano, al considerar a los jueces como meros aplicadores de la ley a los que debía sustraerse la facultad de interpretar la voluntad general. A su parecer, si se confiriese a los jueces esta última competencia, se estaría vulnerando la libertad individual, consistente en el derecho a ser juzgado por la ley y no por los hombres. Y, precisamente para evitar cualquier acto despótico por parte de unos jueces que le inspiraban poca confianza al aragonés, se mostraba partidario de la institución del jurado. Finalmente y por lo que se refiere al estatuto del juez, defendía la independencia judicial, a la que ligaba su inamovilidad. Unos principios, dicho sea de paso, que no habían hallado verdadero acomodo durante los años en los que actuaron las Cortes de Cádiz, ya que éstas ejercieron un gobierno de asamblea que interfirió constantemente en las tareas jurisdiccionales.

De la detenida lectura de las *Lecciones* de Ramón de Salas se desprende que se trata de su obra más madura. Se considere o no el primer texto del Derecho político en España, lo cierto es que es el más sistemático y profundo de cuantos se habían realizado hasta la fecha, y marcará un hito que luego sería continuado por las lecciones que impartirían Joaquín María López en la cátedra de política constitucional (Sociedad de Instrucción Pública de Madrid, 1840), y Francisco Pacheco, Donoso Cortés y Alcalá Galiano en el Ateneo de Madrid. Como hemos visto, la vida de Salas es, durante el siglo XIX, una incógnita y está sembrada de sombras que todavía no se han conseguido despejar. Conviene no incurrir en la injusticia de permitir que sus *Lecciones* caigan también en ese olvido.

Notas

[1] Sobre el reformismo en la Universidad de Salamanca, y el papel de Meléndez Valdés y Ramón de Salas al respecto, *vid.* R. ROBLEDO, «La difusión del pensamiento moderno en la Universidad de Salamanca a fines del siglo XVIII», *Historia Constitucional*, núm. 6, 2005, págs. 15 y ss.

[2] *Cfr.* C. MORANGE, «Vindicación de Ramón Salas», *Trienio*, núm. 56, 2010, pág. 11.

[3] *Voto Escrito del Dr. Salas y Cortés Justificando el plan y constituciones de la Academia de Derecho español y práctica forense, contra las impugnaciones del Dr. F. Ocampo, de 1787.*

[4] *Lecciones...*, prólogo.

[5] *Cfr.* J.F. FUENTE, José Marchena. *Biografía política e intelectual*, Crítica, Barcelona, 1989.

[6] *Vid.* al respecto los concienzudos trabajos de J. ASTIGARRAGA, «*Iusnaturalismo* moderno de la mano de la economía política: las «Apuntaciones al Genovesi» de Ramón de Salas», *Historia Constitucional,* núm. 9, 2008, págs. 135 y ss.; *íd.*, «El debate sobre las formas de gobierno en las «Apuntaciones al Genovesi» de R. de Salas», *Revista de Estudios Políticos*, núm. 144, 2009, págs. 11 y ss. Más recientemente ha desarrollado estos estudios en *id., Luces y republicanismo Economía y política en las «Apuntaciones al Genovesi»*, Centro de Estudios Políticos y Constitucionales, Madrid, 2011.

[7] *Vid.* J. ASTIGARRAGA y J. USOZ, DEL A. GENOVESI napolitano de Carlo di Borbone al A. Genovesi español de Carlos III: la traducción española de las *Lezioni di commercio* de V. de Villava», *Cuadernos de Historia del Derecho*, núm. 15, 2008, págs. 293-326.

[8] En este punto me remito al análisis detallado de el profesor Astigarraga en *ibidem*.

[9] *Vid.* sobre las vicisitudes de tal atribución: F. LÓPEZ, «Pan y Toros». Histoire d'un pamphlet. Essai d'attribution», *Bulletin Hispanique*, vol. 71, núm. 71-1-2, págs. 255-279.

[10] C. NOCEDAL, *Obras publicadas e inéditas de Don Gaspar Melchor de Jovellanos*, M. Rivadeneyra, Madrid, 1859, tomo I, pág. XXII y tomo II, pág. 266. Nocedal negaba, así, la atribución a Jovellanos que se había extendido a lo largo del XIX. Sobre las reflexiones de Nocedal, *vid.* por su interés histórico: *Pachín de Melás*, «Jovellanos no escribió "Pan y toros"» (*La Prensa*, Gijón, 11 de agosto de 1935), en Emilio Robles Muñiz («Pachín de Melás»), *Minucias trascendentales en torno a Jovellanos. Homenaje al Ateneo Obrero de Gijón (1881-2006)*, Fundación Foro Jovellanos del Principado de Asturias, Gijón, 2006, págs. 99-105.

[11] *Cfr.* A. ELORZA, *Pan y Toros y otros papeles sediciosos de fines del siglo XVIII*, Ayuso, Madrid, 1971; F. LÓPEZ, «"Pan y Toros". Histoire d'un pamphlet. Essai d'attribution», *Bulletin Hispanique*, vol. 71, núm. 71-1-2, 1969, págs. 255-279.

[12] Como es bien conocido, la traducción del *Contrato Social*, anónima, aunque obra en realidad del Abate Marchena, iba acompañada de un prólogo en el que se elogiaba a Jovellanos y Saavedra. El prócer asturiano, consciente de los peligros de vincularle a una obra presente en el índice de libros prohibidos, no

tardaría en dirigirse a Carlos IV exponiendo que nada tenía que ver con la obra ni con su traductor. *Vid.* Gaspar Melchor de Jovellanos, «Representación a Carlos IV en relación con la obra *El contrato social*» (Gijón, 26 de marzo de 1800), en Jovellanos, *Obras completas*, vol. XI, Instituto Feijoo de Estudios del Siglo XVIII –Ayuntamiento de Gijón–KRK ediciones, Gijón, 2006, págs. 61-62.

[13] Godoy afirma que él tomó parte a favor de Salas, logrando al menos que la causa saliese del Tribunal de la Inquisición y quedase en manos del Consejo de Castilla. Manuel Godoy, *Memorias*, Edición de Emilio La Parra y Elisabel Larriba, Universidad de Alicante, 2008, págs. 501-502.

[14] *Carta orden de S. M. declarando vacante la Cátedra de Instituciones Civiles que obtenía el Dr. Ramón de Salas y Cortes* (1797); Ramón de Salas, *Memorial del Dr. Ramón de Salas y Cortes dirigido a S. M., solicitando se le contribuya con la renta de su cátedra considerándole como catedrático jubilado* (1797). Ambos textos se encuentran en los Archivos de la Universidad de Salamanca y pueden consultarse también en la web de la Fundación Manuel Giménez Abad.

[15] Niegan que Salas fuese afrancesado Sandalio Rodríguez Domínguez, *Renacimiento universitario salmantino a fines del siglo XVIII. Ideología liberal del Dr. Ramón de Salas y Cortés*, Ediciones Universidad de Salamanca, Salamanca, 1979, págs. 45-46 y José Luis Bermejo, «Introducción», en Ramón Salas, *Lecciones de Derecho Público Constitucional*, Centro de Estudios Constitucionales, Madrid, 1982, pág. XVIII. Ambos autores acuden a la trayectoria de Salas para cuestionar su adscripción al grupo de los afrancesados. Sandalio Rodríguez llega incluso a confundir a nuestro personaje con el ayudante de artillería del mismo nombre y apellido. Sin embargo, Menéndez Pelayo, ya situaba a Ramón de Salas entre los afrancesados (*Historia de los heterodoxos españoles*, Librería Católica de San José, Madrid, 1882, vol. III, pág. 516).

[16] *Cfr.* la documentada explicación de Claude Morange, «Vindicación de Ramón Salas», *op. cit.*, págs. 38-42.

[17] F. MARTÍ GILABERT, *La abolición de la Inquisición en España*, Ediciones Universidad de Navarra, Pamplona, 1975, pág. 44; J. MECARDER RIBA, *José Bonaparte rey de España (1808-1812). Estructura del Estado español bonapartista*, CSIC, Madrid, 1983, pág. 239.

[18] *Vid.* J. LÓPEZ TABAR, *Los famosos traidores. Los afrancesados durante la crisis del Antiguo Régimen (1808-1833)*, Biblioteca Nueva, Madrid, 2001, pág. 259. También sitúa a Salas en Francia Claude Morange, *Paleobiografía (1779-1819) del «Pobrecito holgazán» Sebastián de Miñano*, Ediciones Universidad de Salamanca, 2002, pág. 381, así como en su texto «Vindicación de Ramón Salas», *op. cit.*, pág. 39. Sin embargo, no lo cita entre los exiliados franceses Jean-René Aymes, *Los españoles en Francia. 1808-1814. La deportación bajo el Primer Imperio*, Siglo XXI, Madrid, 1987.

[19] Así lo afirma LÓPEZ TABAR. Sin embargo, no hemos conseguido encontrar referencia alguna a Ramón de Salas entre los diputados de ninguna de las Legislaturas del Trienio.

[20] *Comentario sobre el espíritu de la leyes de Montesquieu, por Destutt de Tracy, con las observaciones inéditas de Condorcet, traducido del francés al español por el Doctor D. Ramón Salas*, Imprenta de Lawalle Joven, Burdos, 1821.

[21] *Vid.* A. ELORZA, *La ideología liberal en la Ilustración española*, Tecnos, Madrid, 1970; I. HERRERO / L. VÁZQUEZ, *Traducción y adaptación cultural: España-Francia,* M.ª L. DONAIRE, F. LAFARGA (eds.), Oviedo, Universidad de Oviedo, Servicio de Publicaciones, 1991, págs. 143-157.

[22] R. DE SALAS, «Prólogo» en *Comentario sobre el espíritu de la leyes de Montesquieu, op. cit.*, pág. V.

[23] *Vid.* al respecto Joaquín Varela Suanzes-Carpegna, *Sistema de gobierno y partidos políticos: de Locke a Park*, CEPC, Madrid, 2002. Existe traducción al italiano: *Governo e Partiti nel pensiero británnico (1690-1832)*, Biblioteca del Centro di Studi per la Storia del Pensiero Giuridico Moderno, Università di Firenze, Giuffrè editore, Milán, 2007.

[24] Ramón de Salas, «Prólogo» en *Comentario sobre el espíritu de la leyes de Montesquieu, op. cit.*, pág. IX.

[25] *Ibidem*, pág. XIII.

[26] *Tratados de legislación civil y penal, de Jeremías Bentham, traducidos al castellano, con comentarios, por Ramón Salas*, Masson e Hijo, París, 1823, 8 vols.

[27] I. BERDUGO GÓMEZ DE LA TORRE, «La Universidad de Salamanca y el estudio del Derecho Penal», *Arbor* CLXXIII, 683-684, 2002, págs. 513 y ss.

[28] R. DE SALAS, *Prólogo*, en *Tratados de legislación civil y penal, de Jeremías Bentham, op. cit.*, pág. VI.

[29] *Ibidem*, págs. XI y ss.

[30] *Ibidem*, pág. XIII y págs. XV y ss.

[31] *Cfr.* J. VARELA SUANZES-CARPEGNA, *La Teoría del Estado en los orígenes del constitucionalismo hispánico (Las Cortes de Cádiz)*, Centro de Estudios Constitucionales, Madrid, 1983, pág. 43 (esta obra la ha reeditado el CEPC en 2011); A.E. PÉREZ LUÑO, «Razón jurídica y libertades en la Constitución de Cádiz de 1812», en L. PEÑA y T. AUSÍN (coord.), *Memoria de 1808. Las bases axiológico-jurídicas del constitucionalismo español*, Plaza y Valdés Editores, Madrid, 2009, págs. 162-163, donde se recuerda, además, la difusión de la obra de Bentham en la Universidad de Salamanca.

[32] *El Español*, vol. I, núm. 6, 30 de septiembre de 1810, págs. 430-437.

[33] *Cfr.* J. BENTHAM, *Trois essais sur la politique de l'Espagne (1820): Premier Essai: Lettre à la Nation Espagnole sur la Proposition d'etablir une Chambre Haute*, en *Oeuvres*, Scientia Verlag, Aalen, 1969, vol. III, pág. 188; *íd., «Rid yourselves of Ultramaria» (1820)*, en *Colonies, commerce and Constitutional Law. Rid yourselves of Ultramaria and other writings on Spain and Spanish America*, en Philip Schofield (edit.), *The Collected Works of Jeremy Bentham*, Clarendon Press, Oxford, 1995, pág. 192; *íd., On the liberty of the press and public discussion (1820), Lettre IV.*

[34] J. BENTHAM, *Lettres au comte de Toreno sur le Code Pénal proposé par le Comité de Législation des Cortès Espagnoles*, en Jeremy Bentham, *Œuvres*, Scientia Verlag, Aalen, 1969, tomo III. Sobre el conde de Toreno me remito a Joaquín Varela Suanzes-Carpegna, *El conde de Toreno. Biografía de un liberal (1786-1843)*, Marcial Pons, Madrid, 2005.

[35] *Diario de Sesiones* (1820), vol. III, nº 108, 20 de octubre de 1820, pág. 1797

[36] *Vid.* A. GIL NOVALES, *Las Sociedades Patrióticas (1820-1823)*, Tecnos, Madrid, 1975, vol. I, pág. 101.

[37] *Comentarios del ciudadano Ramón de Salas, doctor en Salamanca, al tratado de los delitos y de las penas, escrito por el marqués de Beccaría, y por continuación al tratado de las virtudes y de los premios, escrito en italiano por Jacinto Dragonetti, y traducido al español por el mismo Salas*, Imprenta de Villaamil, Madrid, 1836. Lo citaré como *Comentarios al tratado de los delitos y las penas* en lo sucesivo.

[38] *Vid.* S. SCANDELLARI, «La difusión del pensamiento criminal de Gaetano Filangieri en España», *Nuevo Mundo Mundos Nuevos*, Coloquios, 2007.

[39] R. DE SALAS, *Comentarios al tratado de los delitos y las penas, op. cit.*, pág. 1.

[40] *Ibidem*, págs. 7 y ss.

[41] GIL NOVALES da por cierta la fecha de 1824 o 1825 que sostienen otros autores como PÉREZ DE ANAYA. *Vid.* Alberto Gil Novales, *Diccionario Biográfico del Trienio Liberal*, Ediciones el Museo Universal, Madrid, 1991, págs. 599-600.

[42] *Catecismo político, arreglado a la Constitución de la Monarquía Española para ilustración del pueblo, instrucción de la juventud y uso de las escuelas de primeras letras, por D.J.C.*, Imprenta de Lema, Cádiz, 1812.

[43] Sobre los catecismos constitucionales *vid.* C. ÁLVAREZ ALONSO, «Catecismos políticos de la primera etapa liberal española», en V.V. A.A., *Antiguo Régimen y liberalismo: homenaje a Miguel Artola,* Alianza, Madrid, 1994, vol. 3 (Política y cultura), págs. 23-36; A. CAPITÁN DÍAZ, *Los catecismos políticos en España (1808-1822)*, Caja General de Ahorros y Monte de Piedad, Granada, 1978; *Catecismos políticos españoles arreglados a las Constituciones del siglo XIX*, (Introducción DE M. A. RUIZ DE AZÚA), Madrid, Comunidad de Madrid, 1989

[44] M. LÓPEZ CEPERO, *Lecciones políticas para el uso de la juventud española*, Sevilla, 1813.

[45] Entre otras: *Noticia analítica o sumario ordenado de la Constitución política de la Monarquía española, promulgada en Cádiz a 19 de marzo de 1812*, Imprenta de Collado, Madrid, 1812; *Examen analítico de la Constitución política publicada en Cádiz en 18 de marzo de 1812*, Madrid, 1813.

[46] *Diccionario provisional de la Constitución Política de la Monarquía española, compuesto por un amante de ella*, Madrid, 1820.

[47] Sobre la instalación de las referidas cátedras existe numerosa bibliografía, entre la que se puede destacar: Luis Sánchez Agesta, «Las primeras cátedras españolas de Derecho constitucional», *Revista de Estudios Políticos*, núm. 126, 1962, págs. 157-167; Mariano Peset Reig / Pilar García Trobat, «La Constitución de 1812 o cómo educar a un pueblo», en Remedio Sánchez Freís / Mariano García Pechuan (Coords.), *La enseñanza de las ideas constitucionales en España y América*, Colección Ideas y Políticas Constitucionales, Valencia, 2001, págs. 23-61; *íd.,* «Las primeras cátedras de Constitución», *Cuadernos del Instituto Antonio de Nebrija de Estudios sobre la Universidad Carlos III*, núm. 1, 1998, págs. 225-244; Mariano Peset Reig, «La enseñanza del Derecho y la Legislación sobre Universidades durante el reinado de Fernando VII (1808-1833)», *Anuario de Historia del Derecho Español*, tomo XXXVIII, 1968, págs. 229-375.

[48] N. MARÍA GARELI, *Compendio o índice analítico de la Constitución política española*, Madrid, 1822.

[49] *Instalación de la Cátedra de Constitución en la ciudad de Valencia a cargo del pavorde don Nicolás Gareli; Hízola por orden de S.M. las Cortes y S.A. la Regencia*

del Reino el Jefe Superior Político de esta Provincia don Mateo Valdemoros el 15 de enero de este año, Imprenta patriótica del Pueblo Soberano, Valencia, 1814; Ildefonso Díez de Ribera, *Instalación de la cátedra de la Constitución política de la Monarquía española en la ciudad de Valencia a cargo del pavorde don Nicolás Gareli*, Imprenta de Manuel Muñoz y Compañía, Valencia, 1820.

[50] A. Contini, *Cartilla de explicación de la Constitución política de la Monarquía española, para la instrucción de los niños de la parroquia de Santiago de la ciudad de Baza*, Sevilla, 1821.

[51] *Proposiciones de Derecho Público constitucional que en el ercicio mayor de apertura de los Estudios de San Isidro de Madrid el día 1º de octubre de este año a las diez de la mañana defiende D. José María Monreal y Brun, asistido del Dr. D. Mariano Latre y Juste, Catedrático interino de Constitución de dichos estudios*, Imprenta de D. Miguel de Burgos, Madrid, 1821.

[52] E. Jaumeandreu, *Curso elemental de Derecho Público*, Imprenta del Gobierno Político Superior, Barcelona, 1820.

[53] Libro I: Del origen de los cuerpos políticos; Libro II: De las leyes principales de la sociabilidad y de los deberes que resultan de ellas; Libro III: Del Derecho de gentes.

[54] Imprenta de El Censor, Madrid, 1821.

[55] Así lo refería *El Censor*, núm. 69, 24 de noviembre de 1821, pág. 239.

[56] R. Salas, *Lições de dereito público constitucional para as escolas de Hespanha*, traducidas por D. G. L. D'Andrade, Tipographia Rollandiana, Lisboa, 1822. Una obra que, según el traductor, podía ser de gran provecho para el nuevo sistema político portugués (pág. VII).

[57] *Curso de política constitucional, escrito por Mr. Benjamín Constant, consejero de Estado de Francia, traducido libremente al español por D. Marcial Antonio López, del Colegio de Abogados de Madrid, individuo de número de la Sociedad Aragonesa, de mérito de la de Granada y otras, y diputado de las Cortes ordinarias*, Imprenta de la Compañía, Madrid, 1820. La obra, siguiendo la sistemática del libro de Constant, incluía continuas referencias a la Constitución de Cádiz, aunque en un sentido más apologético y menos crítico que el que emplearía Ramón de Salas.

[58] *Cfr.* Rodrigo Fernández-Carvajal, *El pensamiento español del siglo XIX*, Nausícaä, Murcia, 2003, pág. 131; Francisco Manuel García Costa, «Las *Lecciones* de Ramón de Salas y los orígenes de la Ciencia española del Derecho constitucional», *Empresas Políticas*, núm. 6, 2005, págs. 35 y ss. Vid. lo dicho por Joaquín Varela Suanzes-Capregna en el capítulo quinto de *La Monarquía Doceañista. 1810-1833*, Marcial Pons, Madrid, 2013.

[59] J.L. Bermejo, «Introducción», en R. Salas, *Lecciones de Derecho Público Constitucional*, CEC, Madrid, 1982, pág. XXII. Para la cita de las *Lecciones* de Salas emplearé esta misma edición del Centro de Estudios Constitucionales.

[60] *Vid.* R. Salas, *Lecciones de Derecho Público Constitucional, op. cit.*, pág. 247.

[61] *Ibidem*, págs. 168-169.

[62] *Ibidem*, pág. 64.

[63] *Ibidem*, págs. 211 y 311.

[64] *Ibidem*, págs. 129 y ss.

[65] *Ibidem*, págs. 111 y ss., 127 y ss.

[66] *Cfr.* I. FERNÁNDEZ SARASOLA, *Poder y libertad. Los orígenes de la responsabilidad del Ejecutivo en España (1808-1823)*, CEPC, Madrid, 2001, págs. 521 y ss.

[67] A.L. C. COMTE DESTUTT DE TRACY, *Commentaire sur l'Espirit des Lois de Montesquieu*, Slatkine Reprints, Genève, 1970, Livre XI, Chapitre II, págs. 206-207.

LIBERALISMO E HISTORIA EN EL DERECHO POLÍTICO. SEMBLANZA DE MANUEL COLMEIRO Y PENIDO (1818-1894)

Sebastián Martín

1. Vida profesional y obra académica

Nació nuestro jurista en la ciudad de Santiago de Compostela, el primero de enero de 1818, hijo del matrimonio entre José Carlos Colmeiro y Luisa Penido[1]. Tras haber superado en 1829 las materias preceptivas de «Latinidad y Humanidades», dio comienzo a su formación en la «Universidad Literaria» de su ciudad natal. Durante los tres primeros cursos siguió y aprobó asignaturas de «Filosofía», «indispensables para recibir el grado de Bachiller», que obtuvo por unanimidad en julio de 1832, y necesarias asimismo para «comenzar la carrera de Leyes», tal y como expresamente disponía el «Plan Literario de Estudios» de 1824 entonces vigente. Superados estos cursos, y con tan solo catorce años, comenzó su carrera de jurista, bajo la vigencia de un plan, este mismo de 1824, de inclinación legitimista y aprobado con el objetivo de proveer a las «generaciones venideras» «una educación e instrucción sólidamente monárquicas y cristianas».

En un primer ciclo, completado entre 1832 y 1835, recibió enseñanzas (en latín) de derecho romano y de derecho patrio y, a su término, el 10 de junio, obtuvo el grado de «Bachiller á Claustro pleno en la Facultad de Leyes». De 1835 a 1838 cursó los tres años restantes de leyes, obteniendo en todos sus «exámenes de prueba de curso» la calificación de sobresaliente y recibiendo el grado de licenciado el 23 de julio tras «el examen de tentativa, la repetición pública y el ejercicio secreto de Capilla».

Según dejan ver las fuentes, debió ser un estudiante aplicado. Durante su licenciatura, «asistió á las Academias en las que desempeñó los ejercicios que por turno le correspondieron y otros a que se prestó voluntario». Sostuvo además «varios actos públicos y arguyó en diferentes repeticiones para grados mayores». Y cumpliendo con los requisitos del nuevo «Arreglo provisional de estudios» de 1836, que sustrajo al «estudio de los Cánones» la condición de facultad independiente, completó su instrucción universitaria realizando, entre 1838 y 1840, los dos últimos cursos de materia canónica, logrando en ambos la nota de sobresaliente.

Siendo solo licenciado, y mientras cursaba cánones, ya «sustituyó varias cátedras en enfermedades y ausencias de los propietarios». Durante el curso de 1840 a 1841 desempeñó la de economía política

—entonces impartida en el sexto año de jurisprudencia— por nombramiento del claustro de la Facultad de Santiago. Al final de aquel año académico, el 24 de junio, recibía el grado de «Doctor en Leyes». Y para el curso siguiente ya presentó con éxito ante el mismo claustro un programa de economía con el fin continuar encargándose de la asignatura. Se le propuso entonces oficialmente a la Dirección General de Estudios como sustituto de la cátedra económica, propuesta que resultó estimada por orden del 17 de febrero de 1842. El mismo procedimiento se siguió en el curso siguiente, pero la aprobación de un nuevo plan de estudios el primero de octubre de 1842 alteró sus dedicaciones.

Pasó entonces a ocuparse de la cátedra del séptimo curso, que ya no trataba en exclusiva de economía política, sino también de «Derecho político-constitucional con aplicación a España», materia en la que había de tratar, según disponía la «Instrucción» de la nueva «Organizacion de estudios», de «los fundamentos teóricos de la Constitución vigente» y de las «leyes administrativas» en vigor.

En septiembre de 1845 se aprobó otro plan de estudios, el llamado Plan Pidal, que reformaba la enseñanza del derecho y el estatuto del profesorado. Por entonces Colmeiro había dado ya a la imprenta su primer escrito de envergadura, un estudio sobre «la propiedad territorial» en Galicia[2], y había también publicado un completo *Tratado de Economía política*. Como la nueva organización de la universidad disponía la división del profesorado en «*Regentes* y *Catedráticos*», pudiendo ser aquéllos de primera o segunda clase, según impartiesen cualquier asignatura o alguna determinada, Colmeiro solicitó el reconocimiento de su categoría como regente. Para ello alegó como mérito haber «explicado en la Universidad de Santiago la asignatura de economía política por espacio de tres años académicos», así como haber publicado un tratado en la materia. El 6 de noviembre de 1846 le era expedido el título de «Regente de Segunda clase en Economía política».

Como se ha indicado, también llevaba tres cursos consecutivos explicando derecho político-constitucional, de modo que aspiró a igual título para esta asignatura, convertida en el plan de 1845 en la materia de «Derecho político y administrativo». Satisfechas sus pretensiones, el mismo mes de diciembre de 1846 solicitaba concurrir a la ya preceptiva oposición para proveer las cátedras de las dos asignaturas de las que era regente, «vacantes en varias Universidades del Reino», entre ellas la de Santiago, y «en la Universidad de Madrid».

Aun sin haber hallado rastro documental de estas oposiciones, se deduce de los nombramientos posteriores que nuestro autor triunfó en ambas. Con veintinueve años de edad, el 5 de mayo de 1847, era nombrado catedrático numerario de Economía Política y Derecho Político y Administrativo en la Universidad de Santiago, y solo un mes después, el 14 de junio, obtenía el nombramiento como catedrático de Derecho Político y Administrativo de la Universidad Central, donde tal asignatura contaba con cátedra independiente de la de Economía.

A su llegada a Madrid, la Central, y la propia Corte, contaban con algunos de los juristas de mayor renombre en la España isabelina. Juan Manuel Montalbán se encargaba de la «Academia teórico-práctica» a la que habían de asistir los estudiantes de los dos últimos cursos y de la asignatura de «Práctica forense». Pedro Sabau Larroya, conocido defensor de los derechos hereditarios de Isabel en la década de los treinta, impartía Derecho Internacional, materia entonces de doctorado. Pedro Gómez de la Serna, aunque no ejercía oficialmente su cátedra, gozaba de una considerable proyección en los círculos jurídicos, académicos y estatales. Y, ya en la década de los 1850, Benito Gutiérrez comenzó a impartir Derecho Civil en las aulas madrileñas. Es en este conjunto de juristas, y en las preocupaciones y dogmas que todos ellos movilizaban en sus obras, donde debe inscribirse la aportación de Colmeiro a la ciencia jurídica española.

Los años 1850 fueron además un decenio fundamental para la formación y consolidación de Colmeiro como jurista oficial del régimen liberal español. Caso excepcional por entonces, su instrucción jurídica comprendió estancias en el extranjero. En junio de 1851, junto a Juan Manuel Montalbán, solicitó una licencia para viajar por países europeos durante los meses de verano con el fin de realizar estudios jurídicos. Cuatro años después, también en junio, hacía lo propio con la finalidad de pasar las vacaciones en París y «otras ciudades extranjeras» en «interes de la ciencia que cultiva[ba] y profesa[ba], no solo con ánimo de visitar la Exposicion universal de la industria, sino para extender sus relaciones con los hombres eminentes de la nacion francesa». Y no le fue mal en su propósito de trabar contactos con académicos y estudiosos parisinos, vistas las «señales distinguidas de aprecio» que recibió en «la Sociedad general de economistas», por parte de «los profesores de la Escuela de derecho» y de los miembros de «otras corporaciones de primera nota». Hasta el propio Ministro de Agricultura le invitó expresamente a acudir al «Congreso Internacional de Estadística», listo para celebrarse en París en el mes de septiembre de aquel año. En 1856 todavía tomaba rumbo a Europa por motivos académicos, en esta ocasión para asistir, como comisionado del gobierno, al Congreso de Economistas de Bruselas.

Aparte de formarse en el extranjero y de integrarse allí en los circuitos institucionales de la ciencia económica, política y jurídica europea, en esa misma década de los 1850 también acontecieron sucesos de relevancia tanto en su vida personal como profesional. En noviembre de 1857 contrajo matrimonio con Paz Salvá y Hormaechea, con la que al menos, hasta donde alcanzo a saber, tuvo una hija. Por otro lado, en 1850, llegaba a las librerías su voluminoso *Derecho administrativo español*, reeditado, en versión corregida y ampliada, en 1858. Y mediada la década, salía a la luz su obra fundamental en materia histórico-política, *De la constitución y del gobierno de los reinos de León y Castilla*, la cual no volvería a reimprimirse, salvo en versiones vulgarizadas.

Todavía en aquellos años centrales del siglo XIX le tocó vivir una anécdota académica que tiene su interés, por ser reflejo del mundo universitario en que se instruyó y trabajó, pero también de los canales por los que comenzó a difundirse la materia del Derecho Público. Otro plan de estudios, aprobado en agosto de 1850, señalaba la conveniencia de instituir una carrera de administración. Tal propósito se vio plasmado en el reglamento de estudios de septiembre de 1852, en el que se creaba la «Seccion de Administracion» de la Facultad de Filosofía, con enseñanzas de Economía Política, Hacienda Pública, Administración, Derecho Político o Derecho Internacional. Manuel Colmeiro, aun siendo catedrático, quiso matricularse en ellas, para «completar académicamente sus estudios administrativos». Sin embargo, no dejó de señalar a las instancias pertinentes «cuan irregular [era] que una persona misma sea catedrático y discípulo de sí propio á un tiempo, y cuan contradictorio que el Gobierno [...] le obligue á aprender lo mismo que enseña» y lo mismo sobre lo que había escrito libros de texto. Por eso solicitó que se le exonerase de seguir todos los cursos, exceptuando el quinto y último, en que se impartía Derecho Internacional.

Superada esta primera complicación tropezó con otro problema. Alojadas las materias que Colmeiro enseñaba en la Facultad de Filosofía, aun impartiéndose también en la de Jurisprudencia, se entendía que el catedrático había de ser doctor por aquella facultad, algo que nuestro autor no era. De ahí que, en febrero de 1855, solicitase también la exoneración del deber de superar el grado de doctor en

Filosofía, pues las materias de la sección administrativa eran todas, en realidad, jurídicas.

Hasta su cese en el profesorado el 25 de septiembre de 1881, debido a su nombramiento como «Consejero de Estado», Colmeiro desempeñó casi siempre su cátedra de Derecho Político y Administrativo en la Universidad Central. Su presencia en las instituciones, academias y círculos que integraban la vida cultural y política española fue considerable. Ya en Santiago tuvo cierta relevancia como individuo de la Sociedad Económica de Amigos del País, donde formó parte de variadas comisiones con el fin de informar de cuestiones como «la reforma de pesos y medidas o el sistema monetario en España». Y siendo profesor en Madrid, no hubo prácticamente ninguna institución que no contase con su colaboración.

Fue destacado socio numerario de la Real Academia de la Historia desde febrero de 1857, en la que desarrolló labores en asuntos de catalogación y protección del patrimonio histórico-artístico español[3]. Fue socio-fundador e individuo numerario de la Real Academia de Ciencias Morales y Políticas, ocupando repetidas ocasiones (1859, 1861, 1872) el cargo de bibliotecario, hasta su nombramiento como perpetuo en 1875. Como miembro de esta academia tomó parte en numerosas discusiones con lo más granado de las ciencias sociales en España durante la segunda mitad del siglo XIX[4]. Con Emilio Alcalá-Galiano, Laureano Figuerola o Claudio Moyano discutió sobre la «conveniencia ó inconveniencia de la libertad de comercio» en España, y con el propio Figuerola y con Francisco de Cárdenas trató el problema de la crisis monetaria de 1864. Participó en debates de contenido historiográfico, como aquel en que se examinó la contribución de la iglesia a la abolición de la esclavitud (1870). Y ya en los años de la Restauración abordó asuntos como la legislación obrera, el régimen municipal, los tipos de cambio, la criminalidad, el derecho de sufragio o la restauración de los gremios con autores como Fernando Cos-Gayón, Melchor Salvá, Antonio de Mena y Zorrilla, Gumersindo de Azcárate o Vicente Santamaría de Paredes. Incluso fue corredactor —junto a Antonio Benavides, Francisco de Cárdenas, Manuel Alonso Martínez y Laureano Figuerola— del dictamen de la corporación sobre el juicio oral y público ente un tribunal de jurados emitido en 1882. Precisamente a propuesta de la Academia de Ciencias Morales le fue concedida, el 23 de marzo de 1872, la Gran Cruz de la Orden Civil de María Victoria.

Durante las décadas de los 1850 y 1860 fue nombrado individuo de academias y organismos culturales extranjeros, como el Instituto Imperial de Francia, el Instituto de Ginebra o, en calidad de profesor honorario, las Universidades de Cracovia y Karkoff. Todavía en los años 1880 continuaba su proyección internacional, con su nombramiento como miembro de la Real Academia de Ciencias y Bellas Artes de Bélgica o su condición de socio de la Real Academia de Linces de Roma.

Su participación en instancias culturales, políticas y administrativas en España fue aún mayor. En noviembre de 1865 fue nombrado ponente del Real Consejo de Instrucción Pública, aunque en octubre de 1866 suprimieron su plaza, a la que tornaría tras la Restauración[5]. Presidió desde 1876 la Junta Consultora del Instituto Geográfico y Estadístico y tomó parte, como vocal, en la Junta de Reforma Penitenciaria, desde su creación a comienzos de 1877 hasta su cese en julio de 1881, y en la de Reforma del Código de Comercio, para la que fue nombrado en marzo de 1881. Su antiguo colega, Antonio Cánovas del Castillo, le nombró dos años antes vocal de la «Comisión de reformas en la organización administrativa, civil y económica», cargo del que dimitió en marzo de 1881. Poco después, el 25 de septiembre de 1881, era designado consejero de Estado, puesto que ocupó hasta su desaparición.

Aunque de forma secundaria y ocasional, Colmeiro también se entregó al compromiso político. En 1865 fue elegido diputado del Congreso por la provincia de Pontevedra. Durante aquella legislatura participó en numerosas comisiones parlamentarias y tuvo ocasión de realizar intervenciones en defensa de la centralización administrativa o la unidad de la nación. En el Sexenio democrático, cuando, con estrechas restricciones, el Senado pasó a ser electivo, se presentó con éxito a las elecciones en 1871, de nuevo por la provincia de Pontevedra[6]. Y volvería a ocupar escaño en la Cámara Alta ya bajo la Restauración, primero, en las legislaturas 1879-1880 y 1880-1881, a elección de la Academia de la Historia, y después, desde 1881, como senador vitalicio[7].

Su vocación, con todo, fue principalmente académica y docente. En pocas ocasiones abandonó su puesto de catedrático, salvo por las correspondientes excedencias obligatorias para el desempeño de otros cargos, como, por ejemplo, el de consejero de instrucción pública. Anecdóticamente, fue en esta ocasión cuando Colmeiro perdió literal, aunque temporalmente, su cátedra. Suprimido su puesto de consejero en octubre de 1866, se incorporó al servicio activo al mes siguiente, pero «en comisión y sin sueldo». El motivo de esta inesperada restricción era que, mientras ejercía como consejero, le fue concedida su cátedra en propiedad a Augusto Comas. Poco tardó en desbloquearse la situación, al ordenarse, en febrero de 1867, su reingreso como titular propietario de Derecho Político y Administrativo y el traslado de Comas a la asignatura de Ampliación del Derecho Mercantil y Penal.

Otra anécdota posterior revela asimismo el apego de Colmeiro a la enseñanza. En 1874, bajo la I República, fue nombrado individuo de un tribunal de jurado de Madrid durante el primer trimestre del año. Teniendo nada menos que cuarenta y una causas asignadas para ese periodo, y debiendo reunirse el tribunal en días alternos para elegir a suerte los doce jurados que habrían de ir sentenciando los diferentes procesos, se vio obligado a pedir la designación de un auxiliar personal, pues en tales circunstancias no podía «cumplir como quisiera y acostumbr[aba] los deberes relativos á la enseñanza».

Su presencia en la disciplina del Derecho Político fue decisiva desde el punto de vista de la promoción académica de algunos catedráticos. Así, por ejemplo, presidió las oposiciones en que ganó la cátedra valenciana Vicente Santamaría de Paredes (1876), y estuvo presente como vocal en las que ganó Diego Álvarez de Corrales. Por otra parte, sus libros sobre Economía Política, Derecho Administrativo, Derecho Político e historia de los reinos de Castilla y León fueron repetidamente indicados como manuales obligatorios por las autoridades de instrucción pública hasta 1867[8], lo cual da buena cuenta de hasta qué punto tuvo importancia la obra de nuestro autor en la formación del jurista isabelino.

Es a esta obra a la que toca dedicar ahora nuestra atención. Pese a sus numerosos títulos, Colmeiro fue, en realidad, autor de tres grandes libros, cada uno de ellos aportación crucial a las respectivas disciplinas que cultivó y todos escritos entre 1845 y 1855. Ya los hemos citado: en materia económica, publicó en 1845 un *Tratado elemental de economía política ecléctica* en dos volúmenes[9]; en la disciplina jurídico-administrativa, dio a la imprenta, cinco años después, su *Derecho administrativo español*, también en dos volúmenes[10]; y en el campo jurídico-político, en 1855 veía la luz su *De la constitución y del gobierno de los reinos de Castilla y León*, igualmente distribuida en dos tomos[11]. De estos tres textos-matrices, solo el dedicado a materia administrativa se reeditó, corregido y ampliado, en repetidas ocasiones (1858², 1865³, 1876⁴), alcanzando tres volúmenes en la cuarta versión y llegando a añadirle, en 1880, un «Apéndice» que recogía toda la legislación administrativa posterior a la última edición.

Toda su obra posterior, que no es poca, y que tuvo incluso mayor difusión, está constituida, bien por vulgarizaciones de algunos de los libros citados, bien por textos menores, aunque significativos, bien por desarrollos de temas y asuntos que salieron al paso por vez primera a nuestro autor en las investigaciones referidas. Lo que sí hicieron estos primeros textos fue colocarlo en un terreno multidiscplinar, convirtiéndose desde su publicación en una autoridad fundamental en la academia española en las materias de Economía Política, Derecho Político y Derecho Administrativo.

2. En un comienzo, fue la economía

En un principio, efectivamente, la dedicación de Colmeiro fue la Economía Política. A ella se consagró desde sus primeros años de sustituto y a la enseñanza de la misma dedicó su primer trabajo impreso, la traducción del manualito de Joseph Droz, elegido con el propósito de «inocular los conocimientos económico-políticos en la juventud»[12].

Aparte de adscripciones de escuela y de sus postulados teóricos, de los que ahora trataremos, conviene advertir un timbre propio en la obra económica de Colmeiro, también característico de sus textos jurídico-políticos. Su ostensible vocación historiográfica le hizo reparar muy pronto en que «la escuela española [era] muy poco conocida», de ahí su intención (nacionalizadora) de «acudir á las fuentes de nuestra economía nacional» para elaborar su *Tratado elemental*, intentando así que ese corpus doctrinal imprimiese «á la obra un sello de españolismo que no se halle en otra alguna»[13].

Su interés por los autores españoles en economía, tan desconocidos y por lo general despreciados, fue más allá del uso ocasional de citas y pasajes. Pronto se convirtió en asunto monográfico de estudio. A los «precursores de la ciencia económica» patria dedicó su discurso de ingreso en la Academia de la Historia de 1857, en el que rescataba la obra de algunos «sábios y prudentes consejeros» de los siglos XVI y XVII —v. gr. Martín González de Cellorigo, Pedro de Guzmán, Diego José Dormer…—, críticos con los habituales «yerros económicos» de los gobernantes, y conscientes, ya entonces, de que para «restaurar España» habían de respetarse «las leyes naturales que nos enseñan á trabajar», pues «el trabajo es el precio universal y la moneda corriente con que se compran todas las cosas de valor».

Se trataba de autores —denominados por Colmeiro «políticos»— que, llamando la atención sobre «la ineficacia de las prohibiciones y los medios seguros de fomentar la industria nacional», y abogando por incentivar «el trabajo de los labradores, artesanos y mercaderes» y por «la moderación de los gastos públicos», intentaban con sus obras promover la «riqueza y felicidad de los pueblos». Esto los diferenciaba completamente de otros autores coetáneos, los llamados «arbitristas» o «proyectistas», que a Colmeiro resultaban «curanderos de la república», «inventores de quimeras» y «alquimistas de la Real Hacienda»[14].

Colmeiro también contribuyó al mejor conocimiento de los «*economistas* españoles» de la Edad Moderna con la publicación de un catálogo exhaustivo y comentado de sus obras impresas y manuscritas[15]. Fue en su *Historia de la economía política en España* donde realizó una exposición completa y detallada tanto de las doctrinas como de las estructuras económicas existentes y circulantes en la Península desde «las colonias fenicias y griegas». Tal y como confesaba en el proemio, con ello pretendía «salvar tantos nombres ilustres del olvido», mostrando la «parte que tomó la nacion española en el progreso de la ciencia de las riquezas», así como «escribir un tratado práctico ó experimental de economía política», ofreciendo «á la administracion del estado ejemplos [históricos] de buena y mala gestion de los negocios públicos»[16].

Regresemos ahora a su labor más doctrinal, plasmada en el *Tratado* y vulgarizada años después en unos *Principios*, de reiteradas ediciones y más pedagógicos, en los que «consider[ó] necesario enmendar y corregir su doctrina», demasiado social en el tratado, y redobló sus esfuerzos por nacionalizar la disciplina, aprovechando «cualquiera ocasión de ilustrar la historia económica de España» al hilo de la exposición de la materia[17]. Si resulta ilustrativo atender por un momento a estos textos no es solo porque nos describan una parábola ideológica decisiva para reconstruir la semblanza de Colmeiro, sino también porque para su comprensión del Estado, el derecho y la política acaso sea fundamental la premisa según la cual en el principio de todo está la economía.

Vayamos a lo primero, a la inflexión ideológica experimentada por Colmeiro entre 1842 y 1859, es decir, antes y después de las revoluciones de 1848. Siendo joven doctor, sabemos que quiso facilitar a sus estudiantes la traducción de una obra donde, desde una perspectiva social, se denunciaran los excesos de la «escuela industrial». Él mismo se encargaba de señalarlos desde la introducción, aludiendo al «fúnebre cortejo de la miseria y la depravacion de la clase obrera» que había legado el individualismo exacerbado de los Adam Smith o David Ricardo[18]. El autor que tradujo, Joseph Droz, definía de hecho la ciencia económica por su objetivo de «hacer el bienestar tan general como fuere posible», y consideraba que siendo «riqueza todos los bienes materiales á propósito para satisfacer las necesidades del hombre», era «rica la nacion en que estos bienes esta[ban] muy repartidos»[19].

Al presentar su *Tratado* ya anunciaba cambios. Confesaba que «errores pasados y desengaños presentes» le habían «hecho desertar de las filas de los aeronautas políticos para venir a militar bajo las banderas de una filosofía positiva, concreta, y sobre todo fecunda en resultados». Según hacía saber desde el mismo título, figuraba ahora entre los seguidores del «eclecticismo económico», tan distante de las «tendencias *crematísticas*» de los industriales como de los que vanamente pretendían sujetar «la legislacion económica» a bellos ideales de imposible cumplimiento.

El pragmatismo utilitarista era la divisa de su escuela. Ya se partía de la lógica de la autoconservación como motor de la economía. El hombre aparecía como guiado por «su interés personal» y movido, en el terreno de la satisfacción de sus necesidades, por «el *placer* y el *dolor*». Pese a que la ciencia pudiese destilar la «verdad absoluta» de las cosas económicas, algo que hacía en su apartado teórico, después tenía que templar tales axiomas racionales a las circunstancias materiales vigentes, asunto estudiado por la «política económica». Y era la importancia decisiva de este segundo apartado lo que hacía afirmar a Colmeiro que la escuela ecléctica enseñaba «sin disputa la economía política de los hombres de Estado»[20].

Con su culto a «*lo que puede ser*», el eclecticismo pretendía hacer de la ciencia económica un saber para el buen gobierno. Para ello, más que practicar la equidistancia entre individualistas y socialistas, se inclinaba claramente del lado liberal. Con todo, no dejaba de admitir que, rectificando errores pasados, la disciplina tenía ya mayor «carácter social». De ahí que entre sus preocupaciones figurase la consecución de una «conveniente y equitativa distribucion de la riqueza». La economía política debía así tomar las riquezas «como un medio, no como un fin», pues su finalidad principal era «el bienestar»[21]. No se crea que por ello Colmeiro defendía el intervencionismo estatal o leyes tributarias progresivas. Si había que aspirar a una sociedad sin graves disparidades económicas, los medios para alcanzarla solo podían ser morales y culturales, pero el gobierno bien podía fomentarlos y tutelarlos.

Tras la experiencia de 1848, acaso tales consideraciones se tornaron algo radicales para nuestro autor, que dio un giro considerable en su ideario económico, según puede apreciarse en sus *Principios.* Entre uno y otro texto, entre el *Tratado* y estos *Principios*, había tenido lugar una revolución, pero también la aparición de algunas obras fundamentales de Frédéric Bastiat[22], algo que explica asimismo la inflexión. En 1859, a Colmeiro le sobraba ya toda referencia a la polémica entre escuelas, pormenorizadamente examinada en 1845, como también la propuesta normativa de un «justo repartimiento» de los bienes[23]. Ahora tenía presente que «en el órden económico nada hay mas solícito y fecundo que el interés individual» y que el «derecho de propiedad da origen á la riqueza». El mercado pasaba a ser el espacio donde la libre competencia y la limpia ley de la oferta y la demanda imprimían una «tendencia al equilibrio» en los precios. Aparte de dictar alguna «providencia administrativa» para prevenir «ciertos accidentes peligrosos» en «fábricas y talleres insalubres», al gobierno competía una acción «puramente negativa», de remover obstáculos a la libertad de trabajo e industria. Si el capital —elemento indispensable de la producción junto al trabajo— se acumulaba para invertir, no era solo por afán de lucro, sino por «amor de la patria y de la familia, por el espíritu de órden y el influjo de las buenas costumbres». El salario, renta procedente del trabajo, solía ser «moderado» porque el «obrero» no soportaba los riesgos del empresario, debía fijarse por «mutuo convenio» entre obrero y patrón «sin intervencion de la autoridad» y su montante dependía de «las condiciones del mercado», ya que «el precio del trabajo, lo mismo que el precio de todas las cosas, se determina por [...] la oferta y la demanda», existiendo también aquí una tendencia espontánea al equilibrio. Y si estériles eran las pretensiones de regular las relaciones entre el capital y el trabajo, igual de inútiles se revelaban las «leyes contra la usura», injustas plenamente por «poner tasa al interés del dinero», que debiera fijarse libremente como cualquier precio[24].

Sobra con estas apreciaciones para observar cuánto se había alejado Colmeiro de sus posiciones iniciales, cuando creía, por ejemplo, que si el salario no alcanzaba a cubrir las necesidades del trabajador y su familia era «vicioso el repartimiento de la riqueza producida» y «la sociedad se [mostraba] sobrado injusta y cruel»[25]. Ahora bien, por debajo de estas discrepancias discurría un postulado uniforme y fundamental, la clave misma de toda su comprensión posterior del Estado, la política y el derecho. El propio Colmeiro lo explicitaba en su *Tratado*: producción, distribución y consumo de bienes, los elementos básicos del orden económico, eran el «resultado de la actividad de la economía del pueblo muy anterior á la intervencion del gobierno»; a la ciencia económica correspondía, por tanto, revelar esta «naturaleza íntima de la economía de las naciones con absoluta independencia de las leyes y formas políticas del estado».

El orden económico resultaba de esta forma concebido como una suerte de estadio prepolítico y preestatal. La economía ya estaba ahí desde el comienzo. Su desenvolvimiento se regía por «disposiciones constantes y caracteres generales» que se daban en todos los hombres. Desde este punto de vista, al gobierno y sus leyes solo les cabía plegarse a esta estructura precedente y natural, canalizando formalmente su despliegue, absteniéndose de toda regulación cuando éste fuese óptimo y removiendo obstáculos en caso de que los hubiese. La Economía Política estaba llamada así a delimitar el perímetro de la acción legítima del poder público, por eso Colmeiro la llegaba a definir como «ciencia de los deberes del gobierno». Visto que las leyes naturales del orden económico traían paz en las relaciones internacionales y, en política interior, prevenían «la fiebre revolucionaria», al enseñar el «respeto que se debe á los intereses existentes y á los derechos adquiridos», el buen gobierno había de consistir en su acatamiento y promoción.

De ello se extraía algo más profundo que la preferencia por «los cambios graduales» y «la conveniencia de que las reformas vengan de arriba abajo». Implicaba el convencimiento de que «el progreso de la sociedad no p[odía] tener otra base que la sociedad misma tal cual se halla[ba] constituida, con sus bellezas y defectos», y tal y como la estadística mostraba su anatomía. Por eso al gobierno solo le cabía incentivar «la educacion moral y religiosa», promocionar las actividades industriales o prohibir las acciones que le eran perniciosas. Su cometido no podía ser de ningún modo transformar la realidad social, sino adecuarse a ella en la forma en que el intercambio espontáneo de los intereses económicos la había instituido, con sus jerarquías, triunfos y fracasos.

Estas posiciones, además de circunscribir la acción legítima del gobierno, entrañaban una visión muy concreta de los derechos individuales. Para garantizar el libre flujo del orden económico tenían efectivamente que preservarse sus condiciones institucionales, que no eran otras que la propiedad, el contrato, la seguridad jurídica y personal, la uniformidad legislativa y una relativa libertad comercial. Estos derechos, reconocidos en parte por las constituciones de la época, no derivaban entonces del propio individuo, en virtud de su naturaleza originaria, sino que eran concebidos como funciones del orden económico, como medios indispensables para su correcto desenvolvimiento. Por eso eran imprescindibles las «leyes protectoras de personas y propiedades», no tanto por garantizar algo tan abstracto y sujeto a malentendidos como la dignidad universal de la persona, sino por constituir «fuentes copiosas de abundancia»[26].

3. Gobierno representativo...

La aportación de Colmeiro a la disciplina del Derecho Político ha sido calificada como el triunfo del «enfoque histórico a costa del estudio del Derecho positivo, es decir, del Derecho constitucional vigente»[27]. En igual sentido, pero con mayor acierto, su obra jurídico-política se ha considerado como «reflejo de la doctrina de la Constitución histórica», siendo un trasunto en el terreno del Derecho Político de lo que «Cánovas del Castillo [fue] a la teoría político-constitucional». Así, «utilizando de una forma ahistórica el concepto de 'España'», e «ignorando casi por entero la Constitución vigente», Colmeiro centró su dedicación al Derecho Político en el estudio de las «instituciones básicas de la Constitución histórica de España, esto es, la Corona y las Cortes, desde la invasión goda»[28].

En efecto, desde su *Constitución y gobierno*, buena parte de sus textos de materia jurídico-política fueron esencialmente historiográficos. Su *Curso de derecho político* de 1873 no fue sino una edición abreviada de aquel primer estudio, aun introduciendo todo «el caudal de noticias» del que había tenido conocimiento en el trascurso de los últimos dieciocho años. La conveniencia de volver a poner en las estanterías, actualizada y resumida, su investigación histórico-jurídica de 1855 se justificaba además en el convencimiento de que «no basta[ba] la filosofía á explicar las vicisitudes del derecho político», pues «sólo la historia p[odía] recoger los hechos en que se funda el modo de ser de la sociedad y fijar la verdadera constitucion de un estado ó su forma de gobierno»[29].

Aparte de constituir una advertencia dirigida a las voces republicanas y democráticas, cada vez más extendidas en aquellas fechas, se trataba de un convencimiento profundo, palpable ya en sus *Elementos de derecho político y administrativo* de 1858, el manual de Colmeiro más difundido —en 1887 alcanzaba su séptima edición—, aunque su autor no lo destinase tanto a la enseñanza universitaria como a la divulgación general, persuadido de que si los estudiantes se conformaban con «la peligrosa comodidad de los manuales, el nivel intelectual» de la juventud descendería «hasta el límite vergonzoso de una gárrula ignorancia»[30]. En efecto, resulta de lo más sintomático que la parte en estos *Elementos* dedicada a la materia jurídico-política (42 capítulos) se volcara en el examen de lo que llamaba «origen y progresos de la nacionalidad española», reservando solo algunos capítulos finales (6 concretamente) para el estudio del gobierno y de los poderes constituidos.

Todavía en el último ciclo de su trayectoria profesional cultivó con tesón «la históría patria». Por encargo de la Real Academia de la Historia introdujo los documentos que sobre las Cortes de León y Castilla venía editando el organismo desde 1861[31]. Y la última obra de su vida fue un volumen de la *Historia general de España* dirigida por Antonio Cánovas del Castillo, justamente el dedicado a los reyes cristianos de la Baja Edad Media[32].

Parece evidente, pues, que nuestro jurista se dedicó con pasión a la historiografía y que concibió el derecho político como una disciplina fundamentalmente historiográfica. Ahora bien, ¿cabe por ello deducir que en su entendimiento del Derecho Constitucional solo entraba la historia? ¿significó esta opción una desconexión con la Constitución vigente? ¿llegó Colmeiro a desentenderse del derecho positivo por completo? Veremos que en estos puntos acaso puedan introducirse algunos matices.

Para ello debe acudirse a otras fuentes diversas, pero complementarias, a las vistas, o leer éstas desde otro ángulo. El 9 de diciembre de 1846, Colmeiro suscribía en Madrid el programa razonado con el que se presentó a las oposiciones de Derecho Político y Administrativo[33]. En él explicitaba el dilema ante el que se tropezaba el profesor de la asignatura: debía estudiar y explicar tanto «las verdades fundamentales» identificadas por la razón científica como «las doctrinas constitucionales sancionadas en nuestro país y comprendidas en el código político vigente». Para ello el profesor contaba con una doble alternativa: o bien «adopta[ba] por guía la constitucion misma de 1845, y cada artículo le s[ervía] de tema para la esplanacion de sus ideas; ó al contrario el[egía] una obra de texto, estudia[ba] la ciencia en abstracto y en los lugares oportunos señala[ba] las concordantes ó variantes entre la teoría y el derecho constitucional en España».

Colmeiro se decantaba por esta última opción, y en ella todavía no aparece la presencia excluyente de la historia ni menos aún el olvido de la Constitución vigente. Si prefería utilizar un libro de texto, de principios que estimase sólidos y verdaderos, era porque así se «otorga[ba] mas libertad al pensamiento, no hallándose tan frente á frente de la ley promulgada». Pero, a su juicio, este método no dejaba de entrañar sus peligros. Concretamente, cuando hubiese discordancias entre «la opinion del profesor» y «la doctrina contenida en un artículo cualquiera de la constitucion», se presentaba una difícil disyuntiva. En ese caso, según Colmeiro, el constitucionalista debía «esforzarse [por] conciliar á un tiempo el respeto debido á la ley fundamental del Estado y la veneracion no menos debida á la verdad científica, tal cual uno la concibe». No existía, pues, intención alguna de dar la espalda a la legislación constitucional vigente; antes al contrario, Colmeiro consideraba que los constitucionalistas, aparte de «deber[le] á sus alumnos la verdad», tenían la misión política de «inculcar la obediencia y el respeto á la ley viva, buena o mala». No pretendía entonces ni obviar sus contenidos, ni mucho menos criticarlos tan severamente como para sembrar en la juventud «los perversos hábitos de la insurreccion».

Con todo, el programa así fundamentado solo le sirvió para superar el trance de las oposiciones, y no tenía por qué expresar con fidelidad lo que después impartiría en sus lecciones. En 1852, uno de sus estudiantes, con su consentimiento y colaboración, trascribió el contenido de algunas de ellas. De este incompleto *Manual de derecho político* se infiere que, en la versión de nuestro autor y casi desde el comienzo de sus tareas docentes, buena parte de la disciplina tenía ya contenido historiográfico. Y, sin embargo, no dejaba de conceder una importancia primordial a cuestiones teóricas como «la legitimidad» del poder político o las concepciones de la soberanía[34].

Tres años después sería él quien diese a la imprenta *parte* de sus explicaciones de derecho político. Tal era el contenido, en efecto, de su *Constitución y gobierno de los reinos de León y Castilla*. Desde la misma entrada, Colmeiro diferenciaba las disciplinas y las dedicaciones. Había sido su consagración «á la enseñanza del derecho político y de la administracion» lo que le había aficionado «sin sentirlo al estudio de la historia». Cierto es, como ahora veremos, que la historia formaba parte de la construcción del Derecho Político, pero no hasta el extremo de confundirse con él. De ahí que nuestro autor advirtiese desde el principio a los lectores de *Constitución y gobierno* que «errarian la cuenta si considerasen este libro como texto de la enseñanza». Se trataba más bien de una «ampliacion y glosa de [sus] palabras y una sombra de introduccion histórica al estudio de la ciencia [del derecho político] y del derecho administrativo»[35].

Que la ciencia constitucional y la historia política nacional, estando ligadas, se encontraban diferenciadas, debiendo ambas concurrir a la elaboración del Derecho Político, sería un punto en el que Colmeiro insistiría breve, pero lapidariamente. «En el estudio del derecho político no se puede prescindir de la historia ni de la filosofia», afirmaba en sus *Elementos*, advirtiendo además que el conocimiento de la fisonomía y dinámica de «los pueblos [...] no cuadra[ba] al dominio absoluto del elemento histórico en el derecho político»[36].

Si prácticamente Colmeiro solo escribió sobre historia, ¿qué entendía entonces por la parte filosófica del derecho político que en apariencia apenas desarrolló? Básicamente, lo que consideraba principios verdaderos localizados por la razón científica sobre la naturaleza del hombre, la sociedad, el gobierno, los derechos y las leyes. Ahora bien, reconociendo de manera explícita, y en variadas ocasiones, la importancia que para el Derecho Político tenía este acercamiento teórico, sería un tanto contradictorio que Colmeiro hubiese cultivado e impartido una disciplina contraída en exclusiva a su apartado histórico, que él mismo calificaba de introductorio y parcial hasta en su versión más pormenorizada.

La cuestión es que Colmeiro no pretirió el aspecto teórico ni el jurídico-positivo en el cultivo de la disciplina. Aparte de servirse del código político de 1845, es muy posible que para cubrir el flanco «filosófico» Colmeiro emplease en sus lecciones las que desde su programa de 1846 eran algunas de sus autoridades predilectas, desde los españoles Antonio Alcalá Galiano y Joaquín Francisco Pacheco hasta los franceses Benjamin Constant y François Guizot[37]. Incluso alguna breve lección monográfica reservó a la materia en sus *Elementos* cuando disertaba sobre «los gobiernos en general» y el «representativo» en particular. De cualquier manera, se trataba de un espacio bien parco, de lo cual era consciente el propio Colmeiro, quien se veía obligado a remitir al lector, en caso de echar «de menos alguna doctrina», a los capítulos históricos o a los administrativos, en los que al fin y al cabo él pretendía exponer los «principios constitucionales» en su aplicación práctica[38].

Por eso —salvando lo que se expondrá a continuación— debe afirmarse que Manuel Colmeiro no concebía el Derecho Político exclusivamente como una historia política de Castilla, como pudiera a primera vista desprenderse de sus principales textos. Más bien cabe aventurar que fueron su vocación historiográfica, su escasa inclinación hacia la labor teórica y las urgencias culturales y políticas de su tiempo las que le llevaron a desarrollar de forma hipertrofiada solo uno de los aspectos de la disciplina, justamente el histórico, con la probable consecuencia de que, al final, muchos juristas de la España liberal se formasen en una asignatura vulgarizada de contenidos casi exclusivamente históricos como lo era la incluida en sus *Elementos*. Pero una cosa es la historia de la enseñanza del Derecho Constitucional en España —y en tal sentido las apreciaciones de los dos profesores citados al principio de este epígrafe son acertadas— y otra diferente el pensamiento jurídico de un autor. Y el de Colmeiro no reducía en exclusiva la materia jurídico-política a la historia.

Queda además algún testimonio impreso de este parecer, que aquí habrá de servirnos para redondear nuestra semblanza. Efectivamente, en su *Derecho constitucional de las Repúblicas hispano-americanas*[39], Colmeiro, tan poco dado a las teorizaciones, renunció a toda apoyatura historiográfica y expuso sus ideas sobre la sociedad, la soberanía, el Estado, el gobierno, los derechos, la igualdad, los poderes o la propiedad en lo que, al fin y al cabo, pretendía ser una aportación a la ciencia del Derecho Político.

De esta aportación cabe extraer un fiel retrato de sus convicciones[40], representativas a su vez del liberalismo conservador del que era exponente[41]. El postulado fundamental de esta corriente encarnada por Colmeiro no era otro que la división neta entre la «sociedad civil» y el «estado». Tal separación, derivada de la Economía Política, implicaba la delimitación de un espacio de inmunidad frente al poder político. Tal y como dictaba la doctrina economicista producida por el propio Colmeiro, la sociedad civil equivalía «al hecho puro y sencillo de la vida comun», a un estadio de las relaciones interpersonales anterior a «todo poder»; expresaba, en suma, lo natural, mientras que el Estado resultaba una construcción «artificial».

Esta concepción prepolítica de la sociedad partía de un rechazo terminante: el que a su juicio merecían Rousseau y, en general, las doctrinas contractualistas. Tanto para el liberalismo como para los contractualistas la sociedad aparecía como instancia precedente al Estado, cierto, pero en el relato de Rousseau la idea de que a través de un pacto podía superarse el «*estado de naturaleza*» y fundarse el gobierno legítimo derivaba en el principio disolvente de la soberanía del cuerpo social. Siguiendo el ejemplo de Constant[42], tal era el peligro que Colmeiro se proponía conjurar: atribuir una «soberanía tan absoluta» al conjunto de la sociedad que le permitiese «trocar sus mejores leyes» a su antojo. Como enseñaban los episodios más sangrientos de la Revolución Francesa, con esta noción contractualista de la soberanía solo se lograba «proclamar como ley la voluntad ilimitada de la muchedumbre».

La comprensión de la sociedad civil por parte de este liberalismo seguía así un recorrido bien diferente al del iusnaturalismo racionalista. Sus axiomas procedían tanto de la escolástica como del utilitarismo economicista. En vez de «pactos ó convenciones arbitrarias», era la natural vocación de sociabilidad del hombre lo que explicaba la aparición de la sociedad. Carecía ésta de un momento originario, pues había nacido al mismo tiempo que el propio ser humano. Si su dinámica era anterior e independiente a la del poder político era porque se regía por leyes naturales, necesarias e inmanentes, que podían, en virtud del libre albedrío, quebrantarse o entrar en estado transitorio de suspensión, pero que siempre volvían a restaurarse. Y tales leyes naturales se resumían en una, la que a juicio de Colmeiro marcaba «el destino del hombre», a saber: «alcanzar la mayor suma de felicidad posible».

Estas premisas conducían a un entendimiento comercial de la sociedad civil, caracterizada como espacio natural del intercambio equitativo y de la concurrencia horizontal entre intereses privados. Los fundamentos de esta dinámica social eran la igualdad, la propiedad y la libertad. Punto principal de inflexión respecto de la sociedad jerárquica y estamental, la igualdad derivaba de la propia naturaleza de los hombres (creados iguales por Dios), resultaba la condición de posibilidad de las transacciones y, en tanto que hacía posible el sujeto único de derecho, fundamentaba un régimen jurídico-formal uniforme y seguro, también indispensable para el intercambio de bienes. La propiedad, igualmente derivada de la naturaleza, era el medio necesario para satisfacer las necesidades del hombre y la consecuencia legítima de su trabajo y capacidad. Unida inextricablemente a la propiedad se encontraba la libertad. Ambas se representaban como «correlativas» porque la propiedad era fuente de «independencia» y, al mismo tiempo, prolongación de la facultad humana de auto-dominio. Y de esta inextricable imbricación entre propiedad y libertad, Colmeiro deducía —siguiendo de nuevo a

Constant— la concepción genuinamente moderna de la libertad, justo aquella que, en contraste con los «gobiernos antiguos», prefería la «libertad civil» sobre la «política» y ordenaba a los poderes públicos el amparo del trabajo y sus frutos, de los cuales se infería en última instancia la prosperidad y el progreso de los pueblos.

Partir de esta noción prepolítica y economicista de la sociedad abocaba efectivamente a una comprensión muy concreta de los derechos, tanto individuales como políticos, y también de la mejor forma de gobierno. Así, para Colmeiro, los «derechos civiles» se fundamentaban en «la *igualdad*» y se resumían «en asegurar la *libertad* y la *propiedad* de los gobernados». Los derechos políticos no es que fuesen secundarios e irrelevantes, sino que se concebían como función de «garantía de los derechos civiles», y eso implicaba que se materializasen solo como «privilegio ó prerrogativa de algunos ciudadanos». «Los derechos civiles son el fin de la sociedad; los derechos políticos son únicamente medios de egecución», sostenía expresamente. Si la «libertad política» era solo «sanción é instrumento» de la civil, había entonces que modular los derechos de «intervencion del pueblo en el gobierno» de forma que cumpliesen su misión de proteger la propiedad privada, la libertad comercial y, en consecuencia, el bien común. Y el mejor criterio para hacerlo era fundarlos «en la *capacidad*», condensada en la posesión de una «razon ilustrada», de un grado suficiente «de instruccion y cultura», y de la cual el primer y más fiable indicio externo con el fin de regular el sufragio era la tenencia de propiedades, signo de virtud, laboriosidad e «independencia»[43].

Al menos en sus comienzos más sociales, Colmeiro no defendía una restricción del derecho de sufragio que llegase a convertir el gobierno en representante de unos «pocos intereses privilegiados». A su juicio, había efectivamente que partir de su estricta delimitación teniendo presente la «aptitud» del elector, reflejada en la propiedad y los impuestos, y la «voluntad de elegir en bien del país», asegurada en aquellas personas «que tuvieran ligados sus intereses con los intereses comunes de la sociedad». Pero había que procurar al mismo tiempo que, aun con esta limitación de partida, el censo fuese lo más amplio posible, porque de este modo se garantizaba mejor «el bien del país, es decir, el bien del mayor número». Por eso defendía la inclusión de un tipo de sujeto, ni gran propietario ni rentista, pero sin duda capaz y apto para la elección: «los hombres consagrados al estudio de las ciencias y de las letras y al cultivo de las artes liberales», de los que él mismo era un ejemplo. Aunque ejerciesen ya otros derechos de ciudadanía, muy especialmente el de la libertad de imprenta, de cuya práctica nacía una opinión pública capaz de orientar y delimitar la acción del gobierno, Colmeiro reclamaba asimismo abrirles «el terreno de la política» con el derecho al voto y la representación, pues cerrándoles «las vías legales» podrían oponerse al gobierno instituido y precipitar «el pais en el abismo de las revoluciones».

Decíamos que del binomio *liberty and property* se deducía una concepción de los derechos, pero también una forma de gobierno legítimo. Era la denominada por la doctrina francesa «gobierno constitucional» o «representativo», justo el que Colmeiro explicaba en las aulas y el que resultaba de las premisas teóricas antevistas. Su «naturaleza íntima» consistía en «asegurar la perpetua existencia de los derechos civiles» a través de los «derechos que llaman políticos». Como enseñaba Alcalá Galiano, sus funciones habían de ser por eso tanto el «amparo» cuanto la «represion», el «amparo á todas las tendencias individuales» referidas a la libertad y la propiedad, y la «represion» de las «tendencias nocivas y anti-sociales», egoístas y particularistas, contrarias a las mismas .

Un gobierno así concebido e instituido se pretendía mixto y equilibrado porque, en repulsa de anteriores gobiernos unilaterales y despóticos, que canalizaron de modo excluyente el poder del príncipe, de la aristocracia o de la nación, el representativo daba entrada a estos tres factores, infiriendo de su armonía y equilibrio la mejor garantía del interés general. Concedía además una relevancia fundamental a la llamada «clase media», distinguida por la capacidad y la prudencia, colocada entre la aristocracia y la «plebe», y, como enseñaba Aristóteles, «el mas sólido cimiento de todo buen gobierno; pues ni ofende á los menores con su orgullo, ni excita la envidia de los mayores con sus riquezas»[44]. De aquí mismo procedía la representatividad de este tipo de gobierno, de dar cabida «á todos los elementos fuertes de la sociedad», algo que redundaba en su estabilidad, pues, según afirmaba Colmeiro, siguiendo de nuevo los pasos de Alcalá Galiano y Joaquín F. Pacheco, había que facilitar que el «poder social lleg[ue] á convertirse en verdadero poder político», ya que «no hay poder político verdadero dentro de la constitucion, si fuera no es temido ó respetado».

Tal era la conexión férrea que el liberalismo postrevolucionario trazó entre legalidad y legitimidad. La ley, más que ser expresión de la voluntad libre y soberana de un poder político autónomo, se limitaba a cristalizar jurídicamente los criterios de quienes previamente contaban con poder económico-social, a los que se suponía capacidad, voluntad e interés en proteger esta sociedad comercial. El fantasma a exorcizar no podía ser otro que el de la soberanía popular y el principio de las mayorías, es decir, el de la democracia. Su implantación revolucionaria ya supuso la vulneración de los derechos civiles naturales. Y, andando el tiempo, cuando en la época de entreguerras se sancione el sufragio universal, los legatarios de este liberalismo volverían a negar juridicidad a las leyes parlamentarias de contenido económico, pues a su entender carecerían de legitimidad, al no responder a los designios del poder social ni tener como misión el amparo exclusivo de sus «derechos civiles».

¿Quería ello decir que esta doctrina, y Colmeiro como uno de sus más fieles exponentes en España, renunciaba a la idea de soberanía? En absoluto. Más bien fue colocada en el gobierno en lugar de en la nación con el fin de conjurar nuevas irrupciones del poder constituyente. Tal y como aseveraba nuestro jurista, el «poder supremo» que toda nación necesita para regirse residía justamente en el «gobierno», tenía la calidad de soberano y omnipotente y «la suprema autoridad para ordenar las cosas públicas». Como se verá, distaba así el liberalismo de promover un poder político debilitado o de menguada presencia en las relaciones sociales. Sus funciones de amparo y represión obligaban justamente a lo contrario. Su seña de identidad consistió más bien en negar la soberanía del cuerpo político nacional como fundamento de ese poder supremo; en afirmar que ese poder gubernamental había «sustituido temporal ó perpetuamente al poder originario de la nacion». Y justo en apoyo de esta operación acudió un concepto de nación diametralmente opuesto al individualista y revolucionario, aquel que la entendía como un precipitado «histórico-natural»[45].

Es aquí, por tanto, donde hay que localizar buena parte de la valencia política de la historia nacional(izadora) elaborada por Colmeiro. Antes de hacer alguna indicación sumaria al respecto, conviene sin embargo deshacer algún equívoco. Una vez descritos los fundamentos del gobierno representativo, nuestro autor pasaba a exponer los requisitos de sus constituciones y su plasmación institucional, y lo hacía, en el caso de las «Repúblicas hispano-americanas», trayendo constantemente a colación los preceptos correspondientes de las respectivas leyes fundamentales. Es más, los pocos y breves capítulos de sus *Elementos* dedicados a los poderes constituidos —Congreso, Senado, Corona y Justicia—, aun sin citar expresamente artículos constitucionales, incluían la paráfrasis de los respectivos apartados de la Constitución de 1845[46]. Por tanto, distaba Colmeiro de concebir, practicar y seguramente enseñar un Derecho Político por completo ajeno al derecho positivo.

4. ...e historia «nacional»

Pero volvamos a la que de todas formas fue la principal de sus dedicaciones, la historiografía. Aun sin ánimo de exponer sus doctrinas, téngase al menos presente que *Constitución y gobierno* se presentaba como alternativa opuesta a la obra de Francisco Martínez Marina y de Juan Sempere y Guarinos y como exposición más construida y sistemática que la «narración de sucesos» de Modesto Lafuente. En sus volúmenes Colmeiro discutía directamente con Guizot, Juan Francisco Masdeu o el propio Lafuente y trataba de fundamentar, frente a las lecturas convencionales, interpretaciones más o menos novedosas, como su tesis sobre la persistencia de la «vida municipal» de raíz romana bajo el dominio visigodo. Nuestro interés, sin embargo, es de diverso cariz, y se interroga ante todo acerca de las estrategias y utilidades políticas a que respondió el relato historiográfico comprendido en *Constitución y gobierno*[47].

A mi juicio, la dimensión normativa de su exposición se cifra en tres aspectos, íntimamente relacionados: en el ya citado de basar la construcción del Estado en una idea romántica de nación[48], oponiéndose con ello a la nación soberana del contractualismo y de los revolucionarios franceses; en anclar las raíces del gobierno representativo en la historia, subrayando con ello el carácter natural y atemporal de algunos de sus principales resortes; y en reconstruir la historia de las dos instituciones fundamentales de la supuesta «Constitución histórica» de España, la Corona y las Cortes[49].

En el primer caso, el de la representación de la idea nacional opuesta al poder constituyente, nos encontramos ante una filosofía de la historia esencialista, providencial y teleológica y ante las raíces mismas de la narrativa nacional-católica. Efectivamente, el decurso histórico para Colmeiro constituía un flujo continuo, ascendente y sin fallas, transcurría a «paso lento y mesurado, repugnando toda mudanza súbita y siniestra», se regía por la ley universal de «la sucesion», eslabonando a las generaciones en una trayectoria de progresivo perfeccionamiento del legado de los antepasados.

Con estas premisas tradicionalistas se hacían posibles dos consecuencias: la primera, ya sugerida, no era otra que la expulsión de las transformaciones revolucionarias del proceso histórico, y la segunda, que ahora veremos, consistía en poder conectar el presente al más remoto pasado, alojando allí sus raíces, pero al mismo tiempo en representar la actualidad como algo cualitativamente diferente, y sustantivamente perfeccionado, respecto de lo acontecido en tiempos pretéritos.

En la exposición de Colmeiro el concepto «España» funciona como una especie de recipiente, anterior a cualquier suceso histórico, confundiéndose así con el solar geográfico, a la vez que como precipitado de influencias y componentes de diversa procedencia. Es en esta decantación donde se aprecia la identidad de la nacionalidad española dibujada por Colmeiro. De los romanos recibió la «unidad política», la «libertad municipal», la «religión cristiana» y «ciencia, literatura é idioma», así como buena parte del derecho. De los visigodos «el sentimiento de libertad», con la consiguiente limitación embrionaria de la potestad regia, y la intensidad desaforada del «sentimiento religioso», plasmado en un intento casi logrado de unidad religiosa con la conversión de Recaredo y en el papel arbitral y moderador atribuido a la iglesia católica. Prosiguiendo los gobernantes godos la tradición romana, adoptando su idioma, credo y costumbres, se hizo posible una «nacionalidad mixta», aleación de las mejores virtudes del pueblo romano, del germano y de los núcleos «indigenas». Y a todo ello se sumó la unificación jurídica operada por el *Liber Iudiciorum*, que no distinguía nacionalidades en su ámbito de aplicación.

En el siglo VII ya existía entonces, a juicio de Colmeiro, una primera expresión, imprecisa pero definitiva, de los caracteres indelebles de la nación española, todavía presentes en la España decimonónica, pues «sus leyes son aun nuestras leyes, sus monarcas el tronco de nuestra dinastía, su religion la existente, y en suma, todos los principios esenciales de aquella constitucion se conservan vivos».

A partir de aquí, la exposición de Colmeiro seguía el patrón nacional-católico. Tras la «conquista de los moros», «al abrigo de las ásperas montañas de Cantabria» nacía un reino, el de Asturias, que por gentes y creencias, sucedió al extinto reino de Toledo; era, a su juicio, «á manera de un eslabón que enlaza[ba] los tiempos anteriores á la pérdida de España con los posteriores». La «restauracion del imperio de Toledo en lo político y en lo religioso» fue su primer y principal objetivo. Y con «la victoria de Covadonga» se demostró cómo «Dios vino en ayuda de los nuestros» para lograrlo. Cierto era que en aquellos tiempos algunos rasgos nacionales se exacerbaron, como la fe católica, opuesta a la «creencia madura y reflexiva» de la época liberal, pero de una intensidad históricamente necesaria para avivar «la resistencia y el combate» contra el enemigo. Hubo también otros extravíos, como el de la «feudalidad». Sin embargo, en opinión de Colmeiro, a aquel integrismo religioso y a aquella relevancia señorial se debía «la nacionalidad presente», pues «la monarquía templada, la nobleza poderosa y los concejos libres» fueron «cimiento de nuestras leyes».

Conviene reparar aquí en dos detalles, que sin desmentir la carga ideológica de este tipo de relato producido y secundado por Colmeiro, contribuyen a encuadrarlo mejor. Por un lado, no se trataba tanto de una invención caprichosa, cuanto de una lectura interesada, pero verosímil, de las fuentes —crónicas, cuerpos legales, doctrina—, que contaba además con la confirmación, al menos en el decisivo plano del derecho, del vigor subsistente en la España decimonónica de una legislación de procedencia y factura medieval. Por otro, distaba la exposición de Colmeiro de afirmar que desde los tiempos visigodos, o inclusive desde la época de los Reyes Católicos, la nación española ya estuviese formada y constituida. Su estrategia era otra bien distinta, y consistía más bien en considerarla expresada en toda su plenitud, no en la época moderna, sino en la edad liberal desde la que él mismo escribía. El régimen político isabelino podía así hundir sus raíces en la historia, pero presentarse al mismo tiempo como la expresión más satisfactoria y perfeccionada de la identidad sustancial de la nación[50].

Las páginas de Colmeiro sorprenderán entonces a quien piense que esta historia decimonónica situaba el origen ya completado de la unidad nacional en el siglo VI o en el XV. Por el contrario, se era bien consciente del carácter eminentemente fragmentario y pluralista de la sociedad política moderna, en la que «el horizonte mas extenso de las relaciones humanas era el señorío o el municipio», en la que «la distincion de clases y gerarquias», «los privilegios de la nobleza, la variedad de fueros y la independencia casi absoluta de los concejos» impedían cualquier intento de instituir la «unidad nacional», por más que «la unidad católica» y ciertas leyes reales intentasen implantarla. Y a pesar de la clara tentativa de asimilar la nación española a Castilla, se conocía igualmente el carácter plurinacional de la entera Monarquía española, el hecho de que la «España moderna» no fuese sino «un conjunto de reinos sujetos a un mismo príncipe», de ahí que se celebrase como jalón fundamental de la unidad de España «la supresión de los fueros de Cataluña» por parte de Felipe V.

En estos siglos, como bien señalaba Colmeiro, «jamás» se había luchado por «la libertad», sino por «las libertades». Pero si se conocía la fisonomía corporativa, historicista y jerárquica de la sociedad moderna, entonces no podía dejar de reconocerse una ruptura fundamental en el proceso histórico-político, la que mediaba entre la cosmovisión tradicionalista y la propia de la modernidad. Así lo hacía nuestro jurista, afirmando que, con las revoluciones liberales, y en España con la Constitución de 1812, arrancó un «periodo nuevo, á saber, el de los gobiernos fundados en la filosofía», o la razón, «así como los anteriores se fundaban en la historia», o la tradición.

Esta cesura fundamental resultaba así admitida por el liberalismo «moderado», opuesto, recuérdese, a los estertores carlistas del régimen anterior. Ahora bien, a juicio de sus epígonos tal mutación revolucionaria no alteró la continuidad de ciertos hilos conductores de la historia y de determinados rasgos esenciales de la nacionalidad española. Antes al contrario, calmadas las aguas tras la revolución, cumplía hacer balance, conservar aquello que se había mostrado incólume incluso ante las más graves embestidas y aquello que de bueno había aportado el racionalismo revolucionario[51]. El régimen isabelino y su doctrina oficial expresaban así esta ascensión cualitativa de la nación, la cual, reconociéndose en numerosas trazas del pasado era, a la vez, algo nuevo y mejor.

También síntesis virtuosa y equilibrada de todos los factores sociales y de los tiempos antiguos y modernos pretendía ser el «régimen representativo» vigente. A él, como sabemos, dedicaba algún capítulo Colmeiro exponiendo el modo en que se organizaba. Subrayaba entonces la limitación de la autoridad del monarca «por la representación nacional» y señalaba igualmente la necesidad de dar cabida al «poder social», especialmente a la virtuosa clase media. Este sistema constitucional contaba además con otros elementos fundamentales —código político escrito, leyes taxativas, distinción y equilibrio de poderes públicos— que procedían del nuevo tiempo político, pero los elementos anteriores contaban ya con una larga historia. Para Colmeiro, de hecho, en un sentido lato, el gobierno representativo databa «en España desde la entrada del estado llano en las Cortes de León y Castilla», si bien, a partir de 1812, tal representación mudó en sus fundamentos, pues comenzó a basarse en la «ley común» hija de la razón y no en el «privilegio» y la «costumbre».

En un gesto que emulaba la famosa obra de Guizot[52] y demostraba que la institución política de la sociedad seguía, como a fines del siglo XVIII, jugándose en el terreno de las representaciones historiográficas, Colmeiro también redactó su *Constitucion y gobierno* como intento de basar el régimen representativo en la historia con el fin de evidenciar así su necesidad y racionalidad interna.

Algunos de sus factores fundamentales, como la limitación del poder real, la relevancia de la clase media y el principio de representación, se podían apreciar ya desde antiguo. Así, en la «España romana» destacaban los «curiales», «llamados por su origen á constituir la clase media entre la nobleza y la plebe». Ya los godos tenían presente que para participar en el gobierno podía convocarse al «pueblo», pero en ningún caso «á la plebe amotinada», dos conceptos —*populus* y *plebs rustica*— que no cabía confundir, pues una cosa eran «todas las gentes que componen la nacion» y otra muy distinta «la clase ínfima del pueblo», que aun siendo «la mas numerosa», estaba compuesta de «turbas ciegas por la pasion ó flacas de entendimiento». Desde muy pronto además —justamente con los concilios episcopales de la Hispania goda— comenzó a instituirse una suerte de «junta nacional» para limitar y auxiliar al poder del rey. Colmeiro consideraba así «los concilios de Toledo», donde tenían espacio la nobleza y el clero, como «el tronco de nuestras cortes». Y, en fin, capítulo básico de su obra era también el relato de cómo «el estado llano» se abrió «paso hacia el trono en medio de las inmunidades del clero y los privilegios de la nobleza», confirmando la ley natural de que «todo poder social tarde ó temprano, de grado ó por fuerza, llega á convertirse en poder político».

Pero la historia, como queda dicho, no era estacionaria, sino progresiva y ascendente. Por eso, al igual que ocurría con la nación, la genealogía del gobierno representativo tropezó con obstáculos que hubo de remontar. Por ejemplo, la forma del «reino patrimonial», del que se derivó «la funesta doctrina que siendo los bienes paternos divisibles entre los hijos, debían serlo igualmente las coronas». También desde muy pronto empezó a cultivarse «la semilla del derecho divino de los reyes en España», doctrina viciada que superponía «una imaginada sancion divina» sobre «los preceptos de la justicia y las razones de utilidad común» que debieran legitimar el poder regio. Historiar el gobierno representativo significaba así tanto demostrar sus raíces antiguas e indelebles como ilustrar los escollos que había debido superar hasta llegar a su versión más perfeccionada, justo la encarnada en el «régimen constitucional».

Un régimen que, en definitiva, no pretendía nacer como negación de la historia nacional, sino como asunción de sus instituciones fundamentales, mejoradas tras la revolución liberal. Era en este punto donde se engarzaban la tarea doctrinaria de historiar el gobierno representativo con la labor constitucional de reconstruir los avatares de la Corona y de las Cortes como instituciones básicas de la «Constitución histórica» de España. Si en el primer caso interesaba sobre todo relatar la esforzada consecución del principio de sucesión hereditaria, incipiente desde los godos pero solo consagrado por Alfonso XI, en el segundo caso se atendía a los orígenes de las Cortes y a la representación en ellas «del estado llano».

5. La «verdadera providencia de los estados»

Además de economista y constitucionalista, Colmeiro fue reputado y leído administrativista[53]. No eran dedicaciones y disciplinas inconexas. Justo lo contrario. La Economía Política, que Colmeiro denominaba «ciencia de la administracion pura», enseñaba «las reglas del arte de gobernar los estados». De ella misma procedía el axioma según el cual «el gobierno jamás debe hacer lo que la sociedad sabe y puede hacer por sí misma». Por su parte, el Derecho Político debía exponer los jalones históricos de la nacionalidad española y los fundamentos, tanto históricos como teóricos, del gobierno representativo. Eran datos a tener presentes para comprender la fisonomía y la actividad de la administración, desde su misma dependencia del gobierno, o poder ejecutivo, que aparte de la función moderadora y la política exterior tenía asignada la función de ejecutar las leyes. También servía para entender que, a pesar de su extensión material y personal y de su carácter autoritario, la acción administrativa no era más que la actividad de los poderes sociales y «las fuerzas individuales» metamorfoseadas en «poder político», de ahí que sus supuestas injerencias no fueran tales, pues la «sociedad» actuando sobre sí misma «no supone la intervencion de ninguna voluntad ni fuerza extraña». Por último, si la estadística mostraba al gobernante la fisonomía de la base social sobre la que había de actuar el poder administrativo, el Derecho Político, al reconstruir los elementos culturales, religiosos y políticos de la unidad nacional, le dispensaba tanto las bases como los fines que había de perseguir con su actuación.

Estamos así ante una triada —Economía, Derecho Político, Administración— perfectamente trabada. La aportación de Colmeiro al conocimiento de esta última y su derecho consistió, como él mismo afirmaba, en una suerte de codificación privada de la dispersa legislación administrativa, ordenada en su caso según el patrón del Derecho Civil, esto es, distinguiendo lo referido a las personas y a las cosas, agregando además la descripción de las autoridades y organismos públicos y de la jurisdicción contenciosa. Mas, junto a esta sistemática crítica, el valor de su *Derecho administrativo español* radica en la representación fidedigna del Estado liberal que suministra.

Para un tiempo en que el poder ejecutivo gozaba de clara prelación —«modera los poderes públicos, perpetúa la accion de gobierno y representa al estado», así lo definía Colmeiro—, para un periodo donde el grueso del poder se ejercía a través de la administración[54], hasta el punto de que el título de *Estado administrativo* lo describe con mayor fidelidad que el de *Estado constitucional*, tal radiografía del Estado en acción quizá cuente con un valor historiográfico mayor que el de su genealogía nacional o su teoría del gobierno. Por lo pronto, elimina cualquier creencia primaria en que el liberalismo no implicó, desde un comienzo, un intenso intervencionismo estatal. Nada más lejos de las intenciones de Colmeiro, y del liberalismo conservador, que secundar la «máxima de *dejar obrar* ó *no gobernar demasiado*». En principio, para la construcción del Estado debería bastar con la concurrencia de los intereses privados, de la cual brotaba «el *bien público* ó la *felicidad general*», y con el suplemento represivo del derecho penal, «freno y sancion de la libertad». Ahora bien, fruto de la evolución y complejidad creciente de los pueblos, cada vez existían más «esferas de actividad social» que «dejándolas obrar libremente [podían] destruir la unidad». También era cada vez mayor el número de necesidades que debían satisfacerse para garantizar una apacible existencia colectiva. Y es ahí donde se hacía indispensable la presencia de un «poder activo y fuerte encargado de aplicar la ley» y de colmar dichas necesidades «materiales y morales».

Tal poder era la administración, «verdadera Providencia de los estados», «angel tutelar del hombre», que lo sigue «á donde quiera» que va desde la cuna hasta la tumba. Recordando las minuciosas clasificaciones de las antiguas funciones de policía, se describía ahora un poder reticular, expresado en una miríada de reglamentos y circulares, que debía «fomentar el bien» y «combatir el mal», desempeñando para ello labores tanto preventivas como represivas. Sin embargo, a diferencia de los Estados fiscal-militares, en los que el poder regio disciplinaba a las corporaciones para que fuesen ellas las que ejecutasen las nuevas funciones administrativas, en el siglo XIX la administración se articulaba en torno a una clave central: la idea de centralización[55]. Y mucho más que una característica ya presente de la administración pública se trataba, a la altura de 1850, de una pretensión de dificultoso cumplimiento, obstaculizada por las costumbres locales, la fragmentación política, las libertades municipales o la «falta de uniformidad en las creencias». Por eso, la unidad cultural de la nación, la unidad política del Estado o la misma centralización de las funciones administrativas, más que una realidad consumada, componían el núcleo político de la misión asignada a la administración liberal.

En íntima conexión con esta tarea de producir la unidad social, en la actividad administrativa se apreciaban funciones de índole precisamente constitucional, pues afectaban de lleno a los derechos de los individuos, al ámbito de su libertad. Por eso Colmeiro afirmaba que en el Derecho Administrativo se contenían las «reglas que determina[ban] las relaciones entre el estado y sus miembros». Y es que era en este campo donde entraba todo lo concerniente al «órden público», desde «impedir la ociosidad» formando «un padron de vagos» y persiguiendo como tales a «los gitanos» hasta disolver las reuniones públicas «ilícitas», como aquellas «sociedades donde se le[ían] periódicos y se debat[ían] cuestiones políticas en público». También la materia administrativa abordaba todo lo relacionado con la «beneficencia» y el tratamiento de los pobres. Pertenecía igualmente a su órbita de acción el control y disciplina de la educación, debiendo asegurar que la instrucción de la juventud se fundase «en el Cristianismo» y respondiese a los principios recogidos en la constitución, conjurando la deriva perniciosa a que podían conducir «la igualdad civil y la eleccion». Y asimismo formaba parte de sus tareas la fiscalización y censura previa de la libertad de imprenta. Materias, en definitiva, llamadas a consagrarse constitucionalmente como derechos políticos plenos, como espacios de autonomía y como derechos sociales justo cuando el Estado liberal y autoritario glosado por Colmeiro sucumbió por la presión de la democracia[56].

Notas

[1] Para todas las referencias biográficas que siguen, véanse su expediente personal depositado en el Archivo General de la Administración (caja con sig. 31/15559) y su expediente como estudiante en el Archivo Histórico Nacional (Universidades, leg. con sig. 6454, exp. 5). Consúltese asimismo la voz correspondiente del *Diccionario Akal de historiadores contemporáneos españoles (1840-1980)* coordinado por Gonzalo Pasamar e Ignacio Peiró, Madrid, 2002, pág. 197, los datos facilitados por Rocío Román Collado, *La Escuela Economista española*, Servicio de Publicaciones de la Universidad de Cádiz, 2003, pág. 54 y la voz suscrita por Pablo García Manzano en *Juristas Universales*, vol. 3: *Juristas del siglo XIX*, Madrid, Marcial Pons, 2004, págs. 313-315.

[2] M. Colmeiro, *Memoria sobre el modo mas acertado de remediar los males inherentes á la estremada subdivisión de la propiedad territorial de Galicia*, Santiago, Imp. Vda. e Hijos de Compañél, 1843, obra que presentó al «programa de premios de la Sociedad Económica de Amigos del País de Santiago». Vid. sobre el particular Xosé Cordero Torrón, «Manuel Colmeiro y la propiedad de la tierra en Galicia», *Revista de Historia Económica*, VII (1989), págs. 63-70.

[3] Junto a otros juristas ya mencionados, como Gómez de la Serna y Juan Manuel Montalbán, y en colaboración también con Antonio Cánovas del Castillo: Jorge Maier Allende, *Noticias de Antigüedades de las Actas de Sesiones de la Real Academia de la Historia (1834-1874)*, Madrid, R.A.H., 2011.

[4] Pueden rastrearse todas sus contribuciones con una sencilla búsqueda en el catálogo del portal de la Academia: www.racmyp.es

[5] José Luis Peset, «El Real Consejo de Instrucción Pública y la Restauración canovista», en *Hispania*, XLVIII/170 (1988), págs. 989-1030, pág. 996.

[6] Pudo hacerlo al ser ya «Catedrático de término con dos años de ejercicio», una de las posibles condiciones que debía reunirse para ser senador, según el art. 62.4 de la Constitución de 1869. A Colmeiro le fue concedida la categoría de término —colofón de la carrera profesoral— el 29 de noviembre de 1861.

[7] Rocío Román Collado, en la obra citada, destaca su militancia en el «Partido fusionista creado por Sagasta en 1881 en el que se unieron representantes del Partido Constitucional, como el propio Sagasta [...], y centralistas como Alonso Martínez», pág. 54.

[8] Vid. Manuel Martínez Neira, *El estudio del derecho. Libros de texto y planes de estudio en la Universidad contemporánea*, Madrid, Universidad Carlos III - Dykinson, 2001, pág. 36.

[9] Madrid, Imprenta Alejandro Gomez Fuentenebro, 1845, 2 vols.: I (Teoría económica), 358 págs.; II (Política económica), 467 págs.

[10] Madrid y Santiago, Librerías de Angel Calleja, 1850, 2 vols. (635 págs., 336 págs.). Existe edición facsimilar de 1995 publicada por la Escola Galega de Administración Pública con presentación de Alejandro Nieto.

[11] Madrid y Santiago, Librerías de Ángel Calleja, 1850, 2 vols. (392 págs., 336 págs.). Existe edición facsimilar, de 2005, en Valladolid, en la casa Maxtor.

[12] Manuel Colmeiro, «Introducción», en J. Droz, *Economía política o Principios de la ciencia de las riquezas*, Madrid, Lib. Vda. de Calleja é Hijos, 1842, pág. XXXIV. Colmeiro escogió a Droz como buen representante de la llamada «es-

cuela socialista», opuesta a los excesos individualistas de la «escuela industrial» inaugurada por Adam Smith y preocupada por contener la posible deriva revolucionaria provocada por el pauperismo generalizado. Muy poco antes, Pedro de Madrazo había traducido el *Curso de economía política* de L. E. Pellegrino Rossi (Madrid, Boix, 1840), representante de la «escuela ecléctica» en la que veremos figurar seguidamente a Colmeiro. Junto al texto citado de Rocío Román, valga nombrar un par de estudios de su faceta económica: Juan J. FERNÁNDEZ CAÍNZOS, *Manuel Colmeiro, economista e facendista*, Santiago de Compostela, Escola Galega de Administración Pública, 1995, y Salvador AMENAR, «Teaching, spreading and preaching: textbooks of political economy in Spain, 1779-1936», en Massimo M. Augello, Marco E. Guidi (eds.), *The Economic Reader: Textsbooks, Manuals and the dissemination of the economic sciences during the XIXth and early XXth centuries*, New York, Routledge, 2011, págs. 158-187, sobre todo las indicaciones sobre «the new 'eclectic' tendencies».

[13] *Tratado elemental de economía política...* cit., págs. XXVIII-XXIX.

[14] M. COLMEIRO, *Discurso de los políticos y arbitristas españoles de los siglos XVI y XVII y su influencia en la gobernación del Estado*, Madrid, Imp. Gabriel Alhambra, págs. 14, 16-18 y 20.

[15] M. COLMEIRO, «Biblioteca de los economistas españoles de los siglos XVI, XVII y XVIII», en *Memorias de la Real Academia de Ciencias Morales y Políticas*, tomo I, (1880), págs. 59-226, colección «más exacta y copiosa» que otros catálogos ya existentes, según indicaba su autor, pág. 67. La primera edición de este trabajo databa de 1861.

[16] M. COLMEIRO, *Historia de la economía política en España*, Madrid-Santiago, Lib. Ángel Calleja, 1863, vol. 1, págs. V y VI.

[17] M. COLMEIRO, *Principios de economía política*, Madrid-Santiago, Lib. Ángel Calleja, 1859, págs. V-VII. Fueron varias las ediciones posteriores: 1865^2, 1870^3, 1873^4.

[18] COLMEIRO, «Introducción»..., cit., pág. XXV.

[19] DROZ, *Economía política...*, cit., págs. 1 y 5. En su *Tratado elemental de economía política...*, cit., pág. 17, n. 1, Colmeiro se declaraba seguidor de Droz y de Adolphe-Jérôme Blanqui.

[20] M. COLMEIRO, *Tratado elemental de economía política...*, vol. 1 cit., págs. X, XII, XX, 4, 7, 8, 12, 20 y 39.

[21] *Ibidem.*, págs. 47 y 79.

[22] Debe en efecto tenerse en cuenta la importancia que para las representaciones manejadas por Colmeiro tuvo la obra de BASTIAT, *Harmonies économiques*, Bruxelles, Meline, Cans et Compagnie, 1850.

[23] *Tratado elemental de economía política...*, cit., pág. 48.

[24] M. COLMEIRO, *Principios de economía política...*, cit., págs. 13, 15, 29, 41, 251-255 y 294.

[25] M. COLMEIRO, *Tratado elemental de economía política...*, vol. 1 cit., pág. 250. Tomo las citas que siguen a continuación de este mismo texto, págs. 8, 14, 16, 18-19 y 21-23.

[26] M. COLMEIRO, *Principios de economía política...*, cit., pág. 30. Esta fundamentación economicista del liberalismo político, que parte de postulados más organicistas y trascendentes que propiamente individualistas e iusnaturalistas, resulta deci-

siva para comprender la sistemática, la coherencia y las limitaciones de la doctrina liberal. Fue puesta de relieve con sumo acierto por Michel Foucault en *Seguridad, territorio, población* (1977-1978), Madrid, Akal, 2008 y *Nacimiento de la biopolítica* (1978-1979), Madrid, Akal, 2009. Hoy hay autores que con buen criterio cifran en ella el origen del constitucionalismo: José M. PORTILLO, «Entre la historia y la economía política: orígenes de la cultura del constitucionalismo», en Carlos Garriga (ed.), *Historia y Constitución. Trayectos del constitucionalismo hispano*, México, Instituto Mora, 2010, págs. 27-57.

[27] Alfredo GALLEGO ANABITARTE, «Las asignaturas de Derecho político y administrativo: el destino del Derecho público español», en *Revista de Administración Pública*, 100-102, (1983), págs. 705-804, pág. 754.

[28] Joaquín VARELA-SUANZES, «¿Qué ocurrió con la ciencia del Derecho Constitucional en la España del siglo XIX?», en *Anuario de Derecho Constitucional y Parlamentario*, 9, (1997), págs. 71-128, págs. 102-104, e incluido en Id., *Política y Constitución en España (1808-1978)*, Madrid, CEPC, 2007.

[29] M. COLMEIRO, *Curso de derecho político según la historia de León y Castilla*, Madrid, Imp. Fermín Martínez García, 1873, pág. VI.

[30] M. COLMEIRO, *Elementos de derecho político y administrativo de España*, Madrid-Santiago, Lib. Ángel Calleja, 1858, pág. VII. En la advertencia inicial ya indicaba que se trataba de un «breve compendio» de su *Constitución y Gobierno* y de su *Derecho administrativo español.*

[31] M. COLMEIRO, *Cortes de los antiguos reinos de León y de Castilla*, Madrid, Sucesores de Rivadeneira, 2 vols., 1883-1884.

[32] M. COLMEIRO, *Reyes cristianos desde Alonso VI hasta Alfonso XI en Castilla, Aragón, Navarra, Portugal*, Madrid, El Progreso, 1893.

[33] Se conserva hoy en su expediente personal citado del Archivo Histórico Nacional.

[34] *Manual de Derecho político: con arreglo al programa y esplicaciones de don Manuel Colmeiro*, Madrid, Imp. C. González, 1852, depositado en la Biblioteca Nacional con sig. VC/7743/24. La lección segunda abordaba el asunto de la legitimidad y en la tercera empezaba ya el excurso histórico desde la «España romana».

[35] M. COLMEIRO, *De la constitución y del gobierno de los reinos de Leon y Castilla...*, cit., págs. V y IX.

[36] M. COLMEIRO, *Elementos de derecho político y administrativo...*, cit., págs. 4-5.

[37] De estos autores manejaba el *Cours de politique constitutionnelle* de Constant (Bruxelles, 1837[3]) y *Du gouvernement representatif* de Guizot (Paris, Maradan, 1816).

[38] COLMEIRO, *Elementos de derecho político y administrativo...*, cit., pág. 101.

[39] Publicado, como siempre, en Madrid-Santiago, Lib. Ángel Calleja, en el año 1858. La obra estaba escrita con el propósito tutelar de animar iniciativas confederales entre «los pueblos hispano-americanos» que frenasen la influencia colonialista ejercida por los Estados Unidos.

[40] Vid. Carlos LEMA AÑÓN, *Aproximación ó pensamento xurídico-político de Manuel Colmeiro* (1818-1894), Santiago de Compostela, Xunta de Galicia, 1996. Para las indicaciones siguientes, véanse su *Derecho constitucional de las Repúblicas hispano-americanas...*, cit., págs. 4, 6, 10, 17-18, 122, y sus *Elementos de derecho político y administrativo...*, cit., págs. 84-89.

[41] Para el análisis de este liberalismo posterior a la revolución y contrario a la misma del que Colmeiro era continuador debe tenerse todavía presente el estudio

de Luis Díez del Corral, *El liberalismo doctrinario*, Madrid, Centro de Estudios Constitucionales, 1984[4], especialmente págs. 529 ss. sobre el «espiritualismo ecléctico» que existía «para, desde y por la política» y págs. 574 ss. sobre la negación de «una potestad constituyente» en el proceso de elaboración del código de 1845, pues, aun referidas a Alcalá Galiano y Donoso Cortés respectivamente, sirven para encuadrar a Colmeiro.

[42] Vid. Pietro Costa, *Civitas. Storia della cittadinanza in Europa*, vol. 2: *L'età delle rivoluzioni (1789-1848)*, Roma-Bari, Laterza, 2000, págs. 225 ss. sobre las concepciones de Constant.

[43] A este asunto dedicó Colmeiro un interesante ensayo manuscrito sin paginar, probablemente elaborado con ocasión de sus oposiciones, que se encuentra depositado en su expediente del AGA cit., se titula *¿Conviene establecer un censo electoral? ¿Cuál es la influencia que esta disposicion egerce considerada política, económica y administrativamente?* y del que hacemos uso a continuación.

[44] M. Colmeiro, *De la constitución y del gobierno...*, cit., pág. 12. Con esta celebración de la «mesocracia», Colmeiro volvía a alinearse con la ortodoxia doctrinaria de Alcalá Galiano.

[45] En este punto sigue siendo fundamental la aportación de Maurizio Fioravanti para la comprensión del liberalismo decimonónico: *Los derechos fundamentales: apuntes de historia de las constituciones*, Madrid, Trotta, 2007.

[46] También introducen la descripción y encuadre de los artículos correspondientes de la Constitución de 1869 los capítulos de la tercera edición (1870) de sus *Elementos*, localizados en págs. 108 ss. De esta versión llaman sobre todo la atención las reveladoras modificaciones introducidas en el tratamiento del gobierno representativo con el fin de cohonestarlo con el principio de la soberanía nacional vigente en el Sexenio.

[47] Para lo indicado y para todo lo que sigue consúltese *De la constitucion y del gobierno...*, cit., vol. 1, cit., págs. 17, 20, 46-47, 53, 65, 69, 96-104, 116, 137-139, 159-170, 178, 186-191 y 298 ss.

[48] Sobre las funciones políticas de la historiografía nacional(ista) del siglo xix, vid. José Álvarez Junco, *Mater Dolorosa. La idea de España en el siglo XIX*, Madrid, Taurus, 2005[9], págs. 383 ss. y Gonzalo Pasamar, *Apologia and Criticism. Historians and History of Spain, 1500-2000*, Frankfurt, Peter Lang, 2010.

[49] Como indicaba en el texto ya citado y según expone, para otros autores pero con utilidad para Colmeiro, el propio Varela Suanzes-Carpegna en «La doctrina de la Constitución histórica de España», *Fundamentos. Cuadernos Monográficos de Teoría del Estado, Derecho Público y Derecho Constitucional*, 6 (2010), (*Conceptos de Constitución en la Historia*), págs. 307-359, en especial págs. 327 ss., útiles para seguir considerando a Colmeiro como continuador de Alcalá Galiano.

[50] Podía así considerarse como «nueva era» a la vez que como «síntesis de los tiempos»: vid. Francisco Cánovas Sánchez, *El partido moderado*, Madrid, CEC, 1982, págs. 300-308.

[51] J. Varela Suanzes-Carpegna, «La doctrina de la Constitución histórica de España»..., cit., pág. 330, con elocuente cita de Guizot.

[52] Vid. Guizot, *Historia de los orígenes del gobierno representativo en Europa* (1820-22), Oviedo, KRK, 2009 y Díez del Corral, *El liberalismo doctrinario...*, cit., págs. 303 ss.

[53] Laureano LÓPEZ RODÓ, «Semblanza jurídico-administrativa de Manuel Colmeiro», en *II Simposio de Historia de la Administración*, Santiago de Compostela, Escola Galega de Administración Pública, 1994, págs. 205-217; Manuel RODRÍGUEZ ARANA, «Manuel Colmeiro: un ilustre administrativista galego», en VVAA, *Manuel Colmeiro (1818-1894). Estudios conmemorativos do seu primeiro centenario*, Santiago de Compostela, Escola Galega de Administración Pública, 1995, págs. 143-198. Para las citas que siguen, consúltese M. COLMEIRO, *Derecho administrativo español...*, cit., págs. VII, 3-4, 7-11, 13, 17 ss., 344 ss., 356 ss., 475 ss., 546 ss.

[54] Lutz RAPHAEL, *Ley y orden: dominación mediante la administración en el siglo XIX*, Madrid, Siglo XXI, 2008.

[55] Pablo Isidoro GONZÁLEZ MARIÑAS, «Centralización y descentralización en el pensamiento de Manuel Colmeiro», en *II Simposio de Historia de la Administración...*, cit., págs. 107-122.

[56] Por eso, más que la línea a seguir a día de hoy, para preferir, por ejemplo, la homogeneidad cultural del liberalismo decimonónico en lugar del pluralismo del «mapa autonómico» —utilidad que le atribuía Laureano LÓPEZ RODÓ, «Manuel Colmeiro, desde la perspectiva de hoy», *Anales de la Real Academia de Ciencias Morales y Políticas*, 70, 1993, págs. 399-412—, Colmeiro nos ha enseñado el lugar al que no deberíamos regresar.

UN INFLUYENTE MAESTRO DEL DERECHO POLÍTICO ESPAÑOL: VICENTE SANTAMARÍA DE PAREDES (1853-1924)

Joaquín Varela Suanzes-Carpegna

1. Un catedrático adscrito al «liberalismo armónico»

Vicente Santamaría de Paredes nació en Madrid el 17 de mayo de 1853. Reinaba entonces Isabel II y presidía el Gobierno el General Lersundi, que en septiembre de ese mismo año se lo cedería a José Luis Sartorius, Conde de San Luis, quien lo retendría hasta julio de 1854, cuando la «Vicalvarada» puso fin a la «Década Moderada» y dio comienzo el «Bienio Progresista».

Santamaría tenía casi la misma edad, año más, año menos, que Santiago Ramón y Cajal, Leopoldo Alas «Clarín», Emilia Pardo Bazán, José Canalejas y Marcelino Menéndez Pelayo, por citar tan sólo a algunos distinguidos coetáneos en el ámbito de la ciencia, de las letras y de la política españolas. Entre siete y diez años mayores que él eran, en cambio, Joaquín Costa y Benito Pérez Galdós, mientras que Adolfo Posada y Miguel de Unamuno nacerían entre siete y once años después.

Huérfano de padre y madre a los 10 años[1], «quedando en desamparo de bienes de fortuna»[2], Santamaría hubo de dedicarse desde muy niño intensamente al estudio. Para ello contó con el apoyo y consejo de su tutor, Pablo Canales, su «segundo padre», como confesaría en la dedicatoria de su ensayo *La Defensa del derecho de propiedad y sus relaciones con el trabajo,* premiado en 1872 por la Real Academia de Ciencias Morales y Políticas, presidida a la sazón por Antonio de los Ríos Rosas, y publicado en Madrid dos años más tarde. En la portadilla de esta obra juvenil se recogía el *dictum* del economista Bastiat, que Santamaría haría suyo: «los intereses legítimos son armónicos»[3].

Tras obtener el título de profesor mercantil en junio de 1868, el mismo año en que la «Gloriosa revolución» de septiembre llevaría al destierro a la Reina, comenzó los estudios de Derecho Civil y Canónico en la Universidad Central durante los densos años del «Sexenio Democrático». En septiembre de 1872 se licencia y en junio de 1873, pocos meses después de proclamarse la I República, obtuvo el título de doctor en Derecho Civil y Canónico con premio extraordinario, al que también aspiraba Joaquín Costa[4].

La Facultad de Derecho de aquella Universidad contaba con algunos ilustres profesores, como Francisco Giner de los Ríos en Filosofía del Derecho, y Gumersindo de Azcárate en Legislación Comparada. Pese a que no dispongamos de unas memorias, ni siquiera de unos meros apuntes autobiográficos, y que el par de necrológicas que se escribieron a su muerte poco informan de sus años de estudiante[5], basta la lectura de sus obras para comprobar que el liberalismo ético y filantrópico imperante durante el Sexenio en las aulas universitarias, en las Cortes, en el Ateneo, en las tertulias y en la prensa, ejerció un duradero influjo en Santamaría. Dentro de este liberalismo, en parte plasmado en la Constitución de 1869, dos ideas fueron una constante en su pensamiento e incluso en su actividad política, ambas de inequívoco origen krausista: la reforma educativa y la progresiva mejora de las condiciones de vida de las clases sociales más desfavorecidas y (acaso fruto de su condición de huérfano sin fortuna) de los sectores más vulnerables, como las mujeres, los jóvenes y los reclusos.

Comenzó su carrera docente en la Facultad de Derecho de la Universidad de Madrid, tras obtener mediante oposición una plaza de profesor auxiliar en disputa de nuevo con Joaquín Costa[6]. Varias fueron las disciplinas que allí impartió (Derecho Romano, Derecho Político Comparado, Procedimientos judiciales y práctica forense, Filosofía del Derecho y Derecho Internacional) durante los cursos de 1873-1874 y de 1874-1875[7]. Este último curso ya bajo la monarquía de Alfonso XII y durante un Gobierno presidido por Cánovas, del que formaba parte Manuel Orovio al frente de Fomento (una cartera de la que dependía entonces la Instrucción Pública). Este ministro no dudó en expulsar de sus cátedras universitarias a los mencionados Giner y Azcárate así como a Nicolás Salmerón, por negarse a acatar una orden ministerial que obligaba a adaptar las enseñanzas a los dogmas oficiales de respeto a la Iglesia católica y a la monarquía restaurada. Esa expulsión provocó la dimisión de varios prestigiosos colegas, como Emilio Castelar, Eugenio Montero Ríos, Laureano Figuerola y Segismundo Moret, y conduciría a la fundación en 1876 de la Institución Libre de Enseñanza[8], cuyo ideario ejercería notable influjo en Santamaría.

En 1875 se licenció en Derecho Administrativo en la misma Universidad de la que ya era profesor auxiliar. Se trataba de una licenciatura entonces distinta de la de Civil y Canónico. Mientras ésta se dirigía al ejercicio de la abogacía, aquélla estaba destinada a los futuros funcionarios. Tres años más tarde se doctoró en Derecho Administrativo (también en la Central, única Universidad capacitada entonces para ello), cuando ya era catedrático de esa disciplina, lo que hoy sin duda nos sorprende.

El 12 de junio de 1876, en efecto, pocos días antes de que entrase en vigor la nueva Constitución, Santamaría ganó por oposición la cátedra de Derecho Político y Administrativo en la Universidad de Valencia, ante un tribunal presidido por Manuel Colmeiro y del que formaba parte, entre otros, Ignacio M. de Ferrán. Tenía tan sólo veintitrés años. Su contrincante fue, una vez más, Joaquín Costa, quien en su diario se lamentaría amargamente de su derrota: «¡Siempre Santamaría! ¡Por todas partes Santamaría!»[9]. No ha faltado quien sostenga que éste, pese a reunir muchos menos méritos que el polígrafo aragonés, obtuvo esa cátedra gracias a ser yerno del entonces Rector de la Universidad de Valencia, Eduardo Pérez Pujol[10]. Sin entrar en esos pormenores, conviene señalar en honor a la verdad que Pérez Pujol, a la sazón Catedrático de Derecho Civil de esa Universidad, había dejado el rectorado en 1873, tras haberlo ocupado desde 1869[11]. En cualquier caso, las repetidas derrotas académicas de Costa ante Santamaría no fueron óbice para que aquél contase con la colaboración de éste en el libro colectivo *Derecho consuetudinario y economía popular en España* (Barcelona, 1902), en el que también colaboraron Miguel de Unamuno y Rafael de Altamira, entre otros. Ese mismo año, Santamaría participó asimismo en la encuesta promovida por el Ateneo de Madrid con motivo de la publicación de la influyente obra de Costa *Oligarquía y caciquismo como la forma de gobierno actual en España: urgencia y modo de cambiarla* (1901)[12].

En la capital levantina Santamaría desplegó una intensa actividad, tanto académica en el seno de su Facultad, de la que fue secretario, como intelectual a extramuros de ella, con numerosas conferencias en diversas instituciones, especialmente el Ateneo, sobre muy variados asuntos, entre ellos: «La misión social de la mujer», «La biología jurídica», «Examen del positivismo», «Medios prácticos para hacer compatible el orden con la libertad», «Comunidades religiosas» o «Armonía entre las Ciencias y el Arte», además de publicar algún artículo en el diario local «Las Provincias»[13]. En Valencia reforzó la amistad con Eduardo Pérez Pujol, cuyas ideas sociales tuvieron un notable influjo sobre Santamaría, quien por esas mismas fechas no dudaría en autodefinirse como un «liberal armónico»[14]. Las ideas sociales del profesor valenciano, alejadas tanto del liberalismo individualista como del socialismo, y muy próximas a las del krausismo, tenía por objeto mediar entre el capital y el trabajo. Entre ellas destacaban los jurados mixtos, la beneficencia, las casas de socorro y las sociedades cooperativas de producción y consumo, así como la restauración de los gremios[15].

Como se verá más adelante, Pérez Pujol prologaría las dos obras más relevantes de Santamaría, los *Cursos* de Derecho Político y de Derecho Administrativo, mientras que Santamaría le correspondería prologando una obra póstuma del profesor valenciano: *Historia de las instituciones sociales de la España goda*[16].

En noviembre de 1883, sustituyendo al jubilado Colmeiro, se trasladó a la Facultad de Derecho de la Universidad Central, mediante un concurso al que también se había presentado Enrique Gil Robles, Catedrático en Salamanca. Santamaría fue durante varios años Decano de esa Facultad y en ella permaneció hasta su jubilación el 22 de octubre de 1920. Ese año fue sustituido por Adolfo Posada, quien estuvo al frente de la mencionada cátedra hasta 1934[17]. Se encadenaban, así, los tres tratadistas del Derecho Público español más influyentes desde la segunda mitad del siglo XIX hasta la II República: Colmeiro, Santamaría y Posada. Una influencia en parte simultánea, pero sobre todo sucesiva.

2. El *Curso de Derecho Político* y otros escritos jurídicos y sociológicos

La asignatura «Elementos de Derecho Político y Administrativo», cuyo creador había sido Colmeiro[18], se introdujo en las Facultades de Derecho por obra del plan de estudios de 1857, auspiciado por Claudio Moyano, que se mantuvo en vigor hasta 1900. Año en el que un nuevo plan, promovido por Antonio García Alix, separaría ambas disciplinas, creando la asignatura de «Derecho Político comparado con el extranjero» y obligando a cotejar las instituciones españolas con las extranjeras más relevantes[19], lo que no contribuía, desde luego, a sistematizar e interpretar el ordenamiento vigente desde sus propias entrañas, como veremos más adelante.

Fruto de esa dualidad de intereses, Santamaría redactó sendos *Cursos* de Derecho Político y de Derecho Administrativo. El primero de ellos, de casi novecientas páginas llevaba por título: *Curso de derecho político, según la filosofía política moderna, la historia general de España y la legislación vigente»*. La primera edición vio la luz en 1880-1881, en Valencia. Se reeditó, ya en Madrid, en 1883, 1887, 1890, 1893, 1898, 1903, 1909 y 1913. Pero, en realidad, desde 1890 se trataba más bien de reimpresiones, pues las novedades son poco relevantes[20].

En 1882 la Dirección General de Instrucción Pública, dependiente de José Luis Albareda, a la sazón ministro de Fomento en un Gobierno presidido por Sagasta, declaró que debía servir a su autor de «mérito especial» en su carrera. Una declaración que desde 1883 se recogía en todas las ediciones de esta obra, en las que también se hacía constar que había sido objeto de varios artículos en «importantes revistas españolas y extranjeras», entre ellas uno de Mr. Maurice Block, «el más conocido y uno de los más reputados publicistas de Europa en ciencias políticas», que se reproducía íntegramente, pese a su tono paternalista y engreído. Tras señalar que, «*quoique habitant à l'extremité de l'Europe*», Santamaría «*est au courant des discussions qui ont eu lieu dans les grands centres littéraires et scientifiques du nord et de l'ouest de notre continent*», el hoy olvidado Mr. Block reconocía que el profesor español era «*un savant de beaucoup de mérite*», que su libro, más allá de sus discrepancias, «*fait reflechir*» y que el tema que trataba era «*des plus attachants*».

Mayor interés tiene el extenso, erudito y elogioso prólogo del ya citado Eduardo Pérez Pujol, aunque resulte más instructivo para conocer el pensamiento del prologuista que el del prologado, por otro lado coincidentes en lo esencial, como confiesa el profesor valenciano, quien, sin embargo, añade: «... Lo que en mi han sido conceptos incompletos, atisbos pasajeros, forma en el *Curso de Derecho Político* un sistema completo, un conjunto orgánico»[21]. Al final de su prólogo Pérez Pujol sostenía que, sin perjuicio de buscar siempre la objetividad exigible a una obra científica, el *Curso* no dejaba de proclamar unas ideas políticas incompatibles con «el federalismo, el ultramontanismo, el anarquismo y el despotismo, el doctrinarismo, en cuanto es una transacción arbitraria entre la revolución y la reacción, y el socialismo en todas sus fases». En cambio, el *Curso* podía «ser aceptado como ideal por los partidos conservador y progresivo, que sólo difieren en las cuestiones de tiempo y de oportunidad», al armonizar en «la vida política la libertad y el orden, la conservación y el progreso»[22].

Santamaría de Paredes dedica los tres primeros capítulos introductorios de su *Curso de Derecho Político* a definir esta rama del saber. En esta trascendental cuestión resulta decisivo el influjo del krausismo. Un movimiento de ideas cuya influencia en la cultura española de la segunda mitad del siglo XIX fue, como es bien sabido, enorme, sobremanera en el campo de la Filosofía del Derecho y, a partir de ella, en el Derecho Político[23], y del que Santamaría fue un correligionario bastante heterodoxo. Siguiendo la concepción tripartita de esta disciplina que habían defendido los krausistas y muy en particular Ahrens, Santamaría de Paredes, según se ha visto, subtitula su *Curso de Derecho Político* de manera muy reveladora: «según la filosofía política moderna, la historia general de España y la legislación vigente».

A su juicio, las palabras Derecho Político «en su acepción más lata, equivalen a derecho público y comprenden, como es consiguiente, la existencia y vida entera del Estado; pero en su acepción más restringida, significan tan sólo una parte o rama del derecho público, empleándose usualmente en equivalencia a derecho constitucional»[24].

Con el objeto de determinar el concepto de Derecho Político en este último sentido, Santamaría ahonda en el concepto de Constitución, a la que define como «la organización fundamental del Estado. Esta Constitución, prosigue, establece el organismo de los poderes, regula el ejercicio de las funciones públicas, y determina el genio e índole de los pueblos, a la manera como la constitución moral y fisiológica determina también el carácter y temperamento de los individuos. Considerando, pues, el derecho político en la acepción estricta a que antes nos referíamos, será el *derecho que determina la naturaleza y organización fundamental del Estado*»[25].

Ahora bien, así definido el Derecho Político, ¿cuál es el método que debe seguir la Ciencia que lo estudia? Santamaría responde a esta pregunta señalando que el Derecho Político como ciencia tenía una triple vertiente, histórica, filosófica y filosófico-histórica, de la que se ocupaban tres saberes distintos. La «Filosofía del Derecho Político» tenía por objeto el estudio de «los principios políticos comunes a todos los lugares, a todas las épocas y a todos los pueblos», extraídos de la razón[26]. De una razón, claro es, natural, ahistórica. A la «Historia del Derecho Político» correspondía examinar las instituciones políticas específicas de cada Nación, así como de su derecho positivo, tanto del pasado como del presente, pues, a su entender, «el llamado «Derecho vigente» es sólo el «Derecho positivo» de la época en que se vive y aparece como última página de la Historia, pero sin dejar de ser conocimiento histórico»[27]. Una afirmación si duda muy ilustrativa. Por último, señalaba Santamaría, «el Derecho Político debía echar mano de una tercera ciencia, la «filosófico-histórica del Derecho Político», encargada de estudiar «a la vez el principio y el hecho en su íntima relación», esto es, la organización ideal o racional del Estado y su organización positiva, histórica. Una Ciencia que, a su vez, se dividía en dos: la «Crítica de las leyes e instituciones» y la «Nomotesia» o «Reforma Legislativa»[28].

Conforme a estas premisas, tan fieles a las que Ahrens había sustentado, el «Curso» de Santamaría se divide en tres partes: «Principios Generales del Derecho Político», «Historia del Derecho Político Español» y «Legislación Política Vigente». La primera es la más amplia, pues en el estudio del Derecho Político era preciso dar «mayor extensión a la filosofía que a la Historia, porque tratándose de un Derecho nuevo, son más útiles las enseñanzas de la moderna ciencia que la narración de los hechos antiguos»[29]. Pero además de su mayor amplitud, esta parte es con mucha diferencia la más interesante y alada de las tres. En ella su autor se ocupa de la Filosofía Política o, con más exactitud, de lo que hoy llamaríamos Teoría del Estado, poniéndose de manifiesto su deuda con Hegel, Krause, Ahrens y los krausistas españoles, sobremanera Giner de los Ríos y Gumersindo de Azcárate, pero también con el suizo Johanmes Caspar Bluntschli. Un autor que gozó de notable predicamento entre los tratadistas españoles del último tercio del siglo XIX y cuyas dos obras clave se habían traducido del alemán al francés, con el título *La Theorie Gènèrale de l'Etat* y *La Politique*, ambas en la parisina Librairie Guillanmin, en 1877 y 1878, respectivamente, mientras que en 1880 se publicó en Madrid, en tres volúmenes, su *Derecho Público universal*[30]. Spencer fue también un autor muy influyente en la concepción del Estado (y de la nación) que sostiene Santamaría[31].

Para Santamaría, el Estado era «la Sociedad organizada para declarar el Derecho de un modo supremo e inapelable, cumplirle en relación con todos los fines de la vida y hacerle cumplir por la coacción cuando no se realice voluntariamente»[32]. Una definición discordante con la ortodoxia krausista (que en el ámbito del Derecho Político español sustentaría Posada), al resaltar más la coacción que la persuasión en el cumplimiento de Derecho. Un extremo en el que coincidía con Pérez Pujol[33] y en el que insistiría el profesor madrileño en su discurso de contestación a la recepción de Antonio López Muñoz en la Real Academia de Ciencias Morales y Políticas. En esta ocasión, de manera tan explícita como respetuosa, Santamaría se separaba de Krause y sobre todo de Giner, a la par que se aproximaba a las tesis de los neokantianos Ihering, Korkounow, Stamler, Natorp y, sobre todo, Jellinek[34].

En esta primera parte del «Curso», su autor examina los elementos, los medios y los fines del Estado, sus relaciones con el individuo y con la sociedad, también con la Iglesia, con una interesante reflexión sobre los derechos y deberes. Dedica un buen número de páginas a describir la organización y funcionamiento del Estado y las formas que éste revestía, desde una inequívoca crítica al federalismo, sobremanera cuando se partía de un Estado nacional previamente unido políticamente[35] (el recuerdo de la España de 1873, a la que no cita, pesaba lo suyo). Termina sus reflexiones sobre el Estado con unas observaciones sobre su vida política «normal» (nacimiento, crecimiento, decadencia y muerte), y «anormal» (anarquía, despotismo, golpes de Estado y revoluciones).

El examen de estas cuestiones es muchas veces brillante e incluso no exento de cierta originalidad, como ocurre cuando se extiende sobre la Jefatura del Estado como «poder armónico»[36].

La segunda parte del *Curso* que ahora se comenta es un compendio, de alrededor de doscientas páginas, de Historia Política de España, desde la «primitiva y romana» hasta la «constitucional», pasando por la «goda», la «musulmana», la de los diversos reinos cristianos medievales y la de la «Monarquía nacional y absoluta» de los Reyes Católicos, los Austrias y los Borbones. Lo primero que cabe subrayar de este apretado recorrido histórico (del que sólo cabe destacar su esfuerzo de síntesis y la claridad de su exposición, común a todo el *Curso*), es que el concepto de España, al retrotraerlo a tan remotos tiempos, se utiliza de forma anacrónica. Lo mismo había hecho antes Colmeiro en sus mencionados «Elementos de Derecho Político y Administrativo» (1858) y en su «Curso de Derecho Político, según la historia de León y Castilla» (1873), al estudiar las instituciones políticas básicas de la Constitución histórica de España, esto es, la Corona y las Cortes, desde la invasión goda[37].

Con este concepto de «España», Santamaría de Paredes, como antes Colmeiro, no hacían más que continuar los patrones del nacionalismo historiográfico español, cuyo fruto más acabado por aquellos años era la *Historia General de España*, de Modesto Lafuente, compuesta de treinta volúmenes, que se fueron publicando entre 1850 y 1867, y que a partir de 1887 continuarían Juan Valera, Andrés Borrego y Antonio Pirala. Una obra que, en realidad, sirvió de referencia a la historiografía española hasta la Segunda República[38].

Si nos centramos tan sólo en la última etapa de su recorrido histórico, la «España Constitucional», que se inicia en 1808, la verdad es que su interés es muy escaso. Sólo quince páginas dedica Santamaría a describir, no más, los avatares del constitucionalismo histórico español desde la invasión napoleónica hasta el reinado de Alfonso XII (límite que, como se ha adelantado ya, fue ampliando en las sucesivas ediciones de su *Curso*). Sin citar fuente directa alguna, el único historiador que menciona, aunque omita referirse a una obra en concreto, es Juan

Rico y Amat, con quien se inaugura lo que ya puede denominarse con propiedad historia política de la España liberal, como ha señalado recientemente Ignacio Fernández Sarasola[39]. Rico y Amat, en efecto, narra las vicisitudes políticas de la primera mitad del XIX en su *Historia política y parlamentaria de España, desde los tiempos primitivos hasta nuestros días: escrita y dedicada a S.M. la Reina Doña Isabel II*, publicada en Madrid entre 1860 y 1861, y rescata la memoria de los diputados de las distintas Cortes constitucionales en *El libro de los diputados y senadores: juicios críticos de los oradores más notables desde la cortes de Cádiz hasta nuestros días, con la inserción íntegra del mejor discurso que cada uno de ellos ha pronunciado*, que vio la luz en la capital de España entre 1862 y 1866.

De la Constitución de 1876 se ocupa Santamaría en la tercera y última parte del «Curso», que se divide en dos secciones: la que examina «la Constitución política vigente comparada con las anteriores», y la que analiza la «Legislación política especial», que también fue variando en las sucesivas ediciones de esta obra. Al estudio de la primera le dedica unas 90 páginas de un libro de casi novecientas, es decir, la décima parte. Y aun así «comparada con las anteriores». Una comparación, por añadidura, sin apenas atractivo, al basarse exclusivamente en el cotejo, precepto a precepto, de la Constitución canovista con los textos constitucionales vigentes desde el Estatuto de Bayona.

Dentro de estos textos, Santamaría distingue una «parte dogmática» y otra «parte orgánica». Distinción implícita en Colmeiro y que tendría gran fortuna en el Derecho Político español[40]. A la parte dogmática dedica Santamaría un capítulo, en el que se examinan «los españoles y sus derechos», mientras que a la parte orgánica se consagran cuatro capítulos, que versan sobre las Cortes, el Rey, los Ministros y la Administración de Justicia.

En lo que atañe a la sección relativa a la legislación política especial, Santamaría analiza, de manera puramente descriptiva, algunas leyes de especial relevancia para el ejercicio de los derechos reconocidos en la Constitución y para la organización de los poderes del Estado, como la Ley de Policía e Imprenta, la Ley de Reuniones Públicas, la Ley de Asociaciones, las Leyes Electorales del Congreso y del Senado y la Ley de relaciones entre los Cuerpos Colegisladores.

En sus *Memorias*, escritas después de la Guerra Civil, Posada recuerda que en torno a 1892 su editor, Victoriano Súarez, le animó a escribir un *Tratado de Derecho Político* (cosa que haría al año siguiente) con estas palabras: «Nadie mejor que usted. Haga un Derecho Político. «El Santamaría» se ha vendido muchísimo y se sigue vendiendo, pero oigo decir que está pasado. No sé lo que quieren, pero quieren otro libro. Un Manual o Tratado de Derecho Político caería ahora muy bien»[41].

En esta misma obra Posada califica de «excelente» el «Curso» de Santamaría de Paredes (también el de Derecho Administrativo, del que hablaremos más tarde), aunque considere que era un tanto anticuado. Escuchémosle:

«El *Derecho Político* de Santamaría señala un momento muy definido de la evolución de esta enseñanza típicamente española por su misma denominación de derecho *político*, y no derecho *público* (el *Droit Public* francés). El libro de Santamaría aparece en el momento del máximo apogeo del influjo de Ahrens combinado con el de Bluntschli, especialmente por su *Teoría general del Estado*. Pero Santamaría cristalizó el Derecho Político en su Tratado sin advertir las nuevas tendencias»[42].

Este último comentario crítico, al que con otras palabras ya se había referido el mencionado Victoriano Súarez, no carecía de fundamento y con el tiempo lo tendría todavía más, pues, como queda dicho, Santamaría no modificó más que en aspectos de escasa relevancia, ni siquiera en 1913, año de su última edición, lo que había sustentando en la primera, escrita treinta y tres años antes.

Ello no impidió que su «Curso de Derecho Político» tuviese un gran éxito, como lo prueban sus nueve ediciones. El propio Posada, en la necrológica que le dedicó a su autor en 1924, recuerda que ese Curso, además de ser su obra «más importante y característica», fue también la más difundida:

> «Entre los hombres de estudio y de las profesiones del Derecho, cuando se dice «el Santamaría», todos entienden: se alude al *Curso de Derecho Político,* tan leído por las juventudes de las Facultades de Derecho de España y de la América española y tan estudiado para preparar los programas en las oposiciones a las diversas profesiones especiales, jurídicas y de la Administración pública»[43].

Este éxito se explica en buena medida por la mesura política y el espíritu conciliador con el que su autor redactó su *Curso*, con el que podían identificarse los seguidores de los dos partidos dinásticos que desde 1876 hasta 1923 se repartieron el poder en España, como venía a señalar Pérez Pujol en su comentado prólogo (que Posada califica de «magistral»[44]). El propio Santamaría recalca su firme intención de mantenerse alejado de la esfera de los partidos políticos[45]. Pero en este éxito tuvo también mucho que ver el afán sistemático, la concisión y claridad con la que está redactado su *Curso*, con pocas citas y sin apenas notas a pie de página, e incluso su buen estilo literario, sobrio y elegante. El mismo Posada, refiriéndose en general a todos sus escritos e incluso a sus clases y discursos, señaló que Santamaría

> «tenía como pocos el arte de exponer de palabra o por escrito, clara y sencillamente, las ideas y conceptos en las materias de su especialidad. Era esa, quizá, su nota más saliente como tratadista y como profesor: la claridad en la exposición. Como orador académico, su palabra fácil servía siempre a un pensar y a un razonar claros»[46].

Por su parte, Joaquín Sánchez de Toca, destacado miembro del Partido Conservador, exministro, teórico del parlamentarismo y compañero de Santamaría (y de Posada) en la Real Academia de Ciencias Morales y Políticas, en otra necrológica escrita ese mismo año señalaba que todos los que habían sido alumnos suyos «rindieron unánime testimonio de que sus exposiciones eran modelo clásico, singularmente por la claridad y estructura de su exposición metódica. Eso mismo descuella como característica suya en sus variadísimos escritos»[47].

Dos autores posteriores muy dispares, Francisco Rubio Llorente y Francisco Elías de Tejada, coinciden en poner de relieve esa cualidad, tan escasa y tan valiosa entonces como ahora. Si para el primero Santamaría fue «tal vez la mente más clara de nuestros constitucionalistas decimonónicos y desde luego el más legible»[48], para el segundo el «Curso de Derecho Político» de Santamaría era «el más claro y didáctico de cuantos nacionales o extranjeros han caído en mis manos hasta ahora»[49].

Esas cualidades se perciben también en el *Curso de Derecho Administrativo, según sus principios generales y la legislación actual de España,* cuya primera edición es de 1885 mientras que la octava y última es de 1914[50]. Todas ellas venían precedidas también de un extenso prólogo a cargo de Eduardo Pérez Pujol. Aunque, como señala el prologuista, este Curso y el anterior formen «un conjunto armónico, mejor dicho, un verdadero todo orgánico»[51], las diferencias de enfoque entre uno y otro son notables. Ahora se prescinde de la historia, pese a extenderse sobre los precedentes de la institución ministerial, de los gobernadores civiles o de la legislación y organización penitenciarias, por citar algunos ejemplos[52]. Es además una obra mucho menos filosófica, más técnica, que se centra, como señala su subtítulo, en los principios generales y en la legislación vigente (también en menor medida en la doctrina y la jurisprudencia) pero conectando ambos extremos. Cosa que no hace en el *Curso de Derecho Político*, en demérito de éste. Veamos las razones que aduce su autor:

> «Si en el *Derecho Político* hemos separado la Filosofía, la Historia y la Legislación vigente, por no concordarse en un mismo cuadro de instituciones, entendemos que habiendo de exponerse dogmáticamente el Derecho administrativo según un plan racional y dado el carácter positivo de su enseñanza, pueden aparecer unidos estos tres aspectos en cada institución u orden de instituciones, estableciendo primero sus principios generales, luego sus antecedentes históricos, y por último, su legislación actual, que ha de ser la parte más extensa»[53].

Santamaría define el Derecho Administrativo como «la rama del Derecho referente a la organización, funciones y procedimientos del poder ejecutivo, según la Constitución, para el cumplimiento de la misión del Estado en la vida»[54]. Una definición que, como subrayaba Pérez Pujol, implicaba reducir «el Derecho Administrativo a mera rama derivada del Derecho Político, contradiciendo la opinión corriente que los consideraba como dos ramas hermanas nacidas del tronco común del Derecho Público»[55]. Insistía, en efecto, Santamaría en que su Curso de Derecho Administrativo era el desarrollo del anterior sobre el Derecho Político, muy en particular en lo relativo al capítulo dedicado allí al poder ejecutivo y en lo concerniente a las doctrinas sobre los fines y medios del Estado. «Decimos esto para advertir que, siendo, a nuestro entender, el Derecho Administrativo una rama del Derecho Político, que por su frondosidad aparece como árbol separado en la Enciclopedia jurídica, tomamos como punto de partida dicha obra»[56], esto es, el *Curso de Derecho Político*. Por otro lado, insistía Santamaría en no «confundir la Ciencia del Derecho administrativo con la Ciencia de la Administración, ni tampoco separarlas arbitrariamente». Mientras la primera comprendía todas las ciencias que se ocupaban de la Administración, la segunda sólo consideraba a ésta en su aspecto jurídico[57].

A partir de estas premisas y tras unas reflexiones preliminares sobre el concepto, relaciones, fuentes y método del Derecho Administrativo, el profesor madrileño divide su Curso en tres partes. Una primera relativa a la «organización administrativa», tanto en general como en especial, examinando la Administración central, la provincial y la municipal, con un apéndice muy esquemático con los modelos vigentes sobre estos asuntos en varios países europeos. Una segunda parte, la más extensa, dedicada a las «funciones administrativas», tanto en lo concerniente a los fines del Estado, como a sus medios, y a las relaciones entre unos y otros. Una tercera, la más breve, se ocupa del «procedimiento administrativo», tanto del gubernativo, como del contencioso, así como de las competencias.

Aunque no procede aquí extenderse sobre el contenido de esta obra, si es preciso señalar que supuso un notable avance en la conformación del Derecho Administrativo español respecto de los anteriores estudios de Colmeiro y por supuesto de los cultivadores de la Ciencia de la Administración durante la primera mitad del siglo XIX, como Javier de Burgos, Alejandro Oliván, Mariano Ortiz de Zúñiga, Pedro Gómez de la Serna, José de Posada Herrera y Fernando Cos-Gayón.

Las dos obras principales de Santamaría de Paredes fueron sin duda alguna los dos *Cursos* que se acaban de comentar (sobre todo el primero, aunque éste haya envejecido peor que el segundo), perfilados de forma casi definitiva entre 1880 y 1885, sin duda sus años más productivos desde un punto de vista científico. Pero lejos de la especialización que caracterizaría a los juristas posteriores, Santamaría publicó antes y después de esos años, varias obras sobre otras ramas del Derecho, como unos *Principios del Derecho Penal, con aplicación al código español* (Madrid, 1871 y 1872), escritos cuando no había cumplido los 20 años[58]. Tampoco le fueron ajenas las cuestiones de Derecho Internacional Público, como lo prueba su *Estudio de la cuestión de límites entre las Repúblicas del Perú y del Ecuador,* que vio la luz en 1907.

Incluso dio a la imprenta varios escritos ajenos al Derecho, en los que se ponían de relieve su atenta lectura de los más reputados tratadistas de la pujante Sociología, sobre todo alemanes, como Häckel o Schäffle (casi siempre citados en lengua francesa), pero también franceses, empezando por Comte, algún británico, sobremanera Spencer, y, entre los españoles, Sales Ferré, Gumersindo de Azcárate y el mencionado Pérez Pujol, sin duda hitos fundamentales en la articulación de la moderna Sociología española, tras las precedentes aportaciones de un Balmes o de un Ramón de la Sagra. Entre sus trabajos de carácter sociológico destacan *El concepto de organismo social* (Madrid, 1896) y *El concepto de sociedad*, discurso leído en la Universidad Central con motivo de la inauguración del curso académico de 1901 a 1902, en el que Santamaría confesaba expresamente su preocupación, incluso podríamos decir su obsesión, por «la claridad de ideas» y por la «precisión del lenguaje» al transitar por, a veces, tan áridas materias[59].

3. Parlamentario, ministro y preceptor regio

La faceta más relevante de su vida fue la de profesor universitario, en su doble dimensión docente e investigadora. Esa faceta fue la que el propio Santamaría valoró por encima de cualquiera otra de sus actividades[60], entre las que se encontraban la abogacía[61] y la política. A esta última dedicó parte de su tiempo, sobre todo entre 1886 y 1906, esto es, cuando su producción científica disminuye, tras la redacción de los dos comentados *Cursos*. Miembro del Partido Liberal, inició su carrera política como diputado por Cuenca en la legislatura de 1886, repitiendo escaño en las de 1893 y 1898. Desde marzo de 1889 a julio de 1890 fue Director General de Instrucción Pública. En 1901 fue elegido senador, con la consideración de vitalicio desde 1903. El 1 de diciembre de 1905 fue nombrado ministro de Instrucción Pública y Bellas Artes en un Gobierno presidido por Segismundo Moret. Pero sólo permaneció en el cargo hasta el 10 de junio de 1906. Pocos días después, el 6 de julio, dimitiría el propio Moret, falto de apoyo parlamentario y con su prestigio muy menoscabado, incluso entre los miembros de su propio partido, tras el atentado que el 31 de mayo había sufrido Alfonso XIII a manos del anarquista Mateo del Morral, que provocó una veintena de muertos, y por haber alentado la aprobación en marzo de ese mismo año de la «Ley de Jurisdicciones», bajo la presión del Rey y del Ejército. Algunos de cuyos miembros habían asaltado en Barcelona un año antes las redacciones de «La Veu de Catalunya» y de «El Cu-Cut». Un triste episodio que había provocado la dimisión de Montero Ríos, su adversario en el seno del Partido Liberal y su predecesor en la jefatura del Consejo de Ministros[62].

Dentro de la actividad parlamentaria de Santamaría de Paredes conviene destacar dos importante iniciativas legislativas. La primera, bajo un Gobierno presidido por Sagasta, es la ley que reformó la jurisdicción contencioso-administrativa el 13 de septiembre de 1888. Hasta entonces esa jurisdicción se había atribuido en exclusiva al Consejo de Estado. A partir de ese año tal jurisdicción, de acuerdo con un sistema mixto, se atribuyó a un tribunal de lo contencioso administrativo en el seno del Consejo de Estado, formado por miembros de este órgano y por jueces. Santamaría fue el impulsor de esa ley, que no en vano lleva su nombre, aunque el resultado final se alejaba de lo que él había defendido. Pese a sus limitaciones, esa ley supuso un importante avance en el desarrollo del Estado de Derecho en España. Sobre todo cuando, a partir de la reforma de 1904, llevada a cabo por Antonio Maura, esa jurisdicción se atribuyó a la Sala Tercera del Tribunal Supremo y a las Salas de lo contencioso-administrativo de las Audiencias Provinciales, lo que implicaba someter la actividad de la Administración Pública al control de unos tribunales independientes y convertir al Consejo de Estado en un órgano exclusivamente consultivo[63].

Otra importante iniciativa de Santamaría fue el proyecto de ley que presentó el 25 de diciembre de 1905, apenas recién llegado al ministerio, para fortalecer la autonomía universitaria y la libertad de cátedra. A diferencia de la anterior, esta iniciativa no llegó a buen puerto, como ya había sucedido antes con otras similares auspiciadas por Rafael Mª de Labra, Azcárate y Salmerón[64]. Tampoco tuvo éxito la reforma del artículo 11 de la Constitución de 1876, propuesta por Moret en 1906 con el propósito de ampliar la libertad religiosa.

Libertad de cátedra y libertad religiosa eran dos premisas básicas para los hombres vinculados a la Institución Libre de Enseñanza, quienes en 1907 consiguieron, en cambio, que se pusiese en marcha la Junta de Ampliación de Estudios, que tan gran influjo habría de tener en el desarrollo de la ciencia española y de cuyo primer Consejo formó parte Santamaría de Paredes. Su constante preocupación por los asuntos relacionados con la educación se reflejan también en diversos trabajos y discursos, como el que pronunció en 1910 en la Real Academia de Ciencias Morales y Políticas con el título *Sentido general en que debe llevarse a cabo la reforma de la enseñanza en España*[65].

Santamaría de Paredes colaboró con el Instituto de Reformas Sociales, creado en 1903 como un organismo suprapartidario, cuya presidencia se confió a Gumersindo de Azcárate y que contó con la estrecha colaboración de Adolfo Posada y de Álvarez Buylla. Uno de los vocales de este organismo, designados por el Gobierno (otros lo fueron por la patronal y por los sindicatos), fue Santamaría de Paredes, quien emitió diversos informes[66]. En realidad, la cuestión social, y muy en particular la situación de la clase obrera, siempre fue objeto de su interés, académico y político, desde una perspectiva reformista y moderada, propia del ya comentado «liberalismo armónico». No por casualidad su discurso de ingreso en la Real Academia de Ciencias Morales y Políticas, pronunciado en mayo de 1893, versó sobre *El movimiento obrero contemporáneo.* En él analizaba las etapas de este movimiento, tanto en su vertiente anarquista como marxista, así como sus tendencias y doctrinas[67].

Sagasta, Azcárate, Moret fueron los más relevantes referentes políticos de Santamaría, sin olvidarse del «gran Castelar», como se refirió alguna vez al insigne republicano[68], quien, fiel a su «posibilismo», ingresó en el Partido Liberal durante el primer Gobierno de Sagasta a comienzos de los años ochenta del siglo XIX. El «Liberalismo armónico» de Santamaría, aunque más conciliador, no era tampoco muy distante del que sostuvo José Canalejas, en quienes estuvieron depositadas desde 1910 a 1912 las esperanzas de la izquierda liberal, incluidos algunos destacados publicistas a extramuros de los partidos dinásticos, como los republicanos Azcárate y Melquíades Álvarez, quienes precisamente tras el asesinato de Canalejas fundaron el Partido Reformista, al que sumarían intelectuales de la talla de Adolfo Posada, Ortega y Azaña, mucho más críticos que Santamaría con el sistema político de la Restauración.

En 1903 fue elegido académico numerario de la Real Academia de la Historia[69]. Por esos años el prestigio de Santamaría alcanza sus mayores cotas. Prueba de ello es que fue uno de los profesores de Alfonso XIII, y el más liberal, acaso el único, de todos ellos[70]. Designado por la Regente María Cristina, Santamaría impartió al joven Alfonso, entre 1900 y 1904, las nociones fundamentales del Derecho Público, pero también de la Economía Política. Con él visitó ese último año la Universidad Central, en donde tuvo ocasión de presentarle a otros miembros del claustro, entre ellos a Gumersindo de Azcárate. El monarca mostró un gran afecto hacia Santamaría, como lo atestigua el hecho de ser el único de sus profesores al que le escribió una extensa carta de agradecimiento y una foto con su dedicatoria «en prueba de cariño de su discípulo constitucional»[71]. Un discípulo bastante descarriado, desde luego, pues las interesantes reflexiones sobre la jefatura del Estado como «poder armónico» que le transmitió su maestro no fueron seguidas por este monarca. A este respecto Carlos Seco Serrano revela que en una ocasión Alfonso XIII, en vísperas de su acceso a la mayoría de edad, formuló a Santamaría la siguiente pregunta: «¿ Y qué he de hacer cuando, en conciencia, la observancia de la Constitución se oponga a mis deberes para con España?»[72]. Se desconoce la respuesta del profesor, pero es muy probable que la pregunta le dejase muy inquieto.

Desde el 19 de noviembre de 1917 hasta el 9 de enero de 1919, Santamaría presidió el Consejo de Estado[73]. Su nombramiento tuvo lugar cuando estaba al frente del Consejo de Ministros el liberal Manuel García Prieto. Durante 1918 éste se turnará en el cargo con Antonio Maura y el Conde de Romanones. Quizá más que a estos cambios políticos, la brevedad de su presidencia en el Consejo de Estado se debiese a la delicada salud de Santamaría, a la que me referiré más adelante.

El 26 de junio de 1920, año de su jubilación académica, Alfonso XIII, a propuesta unánime de la Facultad de Derecho de Madrid, cuyo decano era entonces Rafael de Ureña, le nombró Conde de Santamaría de Paredes, «como recompensa y coronamiento de una larga vida de grandes y múltiples servicios prestados a la ciencia y al Estado»[74].

Tras una larga y angustiosa enfermedad, que había comenzado a manifestarse años antes de su jubilación y que le había obligado en varias ocasiones a suspender sus tareas universitarias[75] y a dejar de frecuentar la Real Academia de Ciencias Morales y Políticas[76], y acaso también, como queda dicho, a abandonar el Consejo de Estado, Santamaría murió en Madrid el 26 de enero de 1924, a los setenta años de edad, pocos meses después de que Primo de Rivera, espoleado por el monarca, liquidase de hecho la Constitución de 1876 y en realidad el régimen de la Restauración, del que Santamaría fue, como puede colegirse de lo antedicho, un destacado protagonista.

Notas

[1] *Cfr.* Gonzalo Díaz Díaz, *Vicente Santamaría de Paredes,* en «Hombres y documentos de la filosofía española», Centro Superior de Investigaciones Científicas, Instituto de Historia, Madrid, 2003, vol. 7°, pág. 175.

[2] Joaquín Sánchez de Toca, *Discurso necrológico del Excmo. Sr. Don Vicente Santamaría de Paredes*, Establecimiento tipográfico de Jaime Ratés, Madrid, 1924, pág. 6.

[3] Tipografía del colegio nacional de sordo-mudos y de ciegos, Madrid, 1874.

[4] *Cfr.* Carmen Fernández-Miranda Campoamor, *Vicente Santamaría de Paredes,* en Mª del Carmen Bolaños Mejías (coord.) «Juristas y políticos madrileños del siglo XX», Colex, Madrid, 2009, pág. 145.

[5] Una de ellas, ya citada, es la de Joaquín Sánchez de Toca, presidente a la sazón de la Real Academia de Ciencias Morales y Políticas; la segunda es la que le dedicó

Adolfo Posada, *Don Vicente Santamaría de Paredes,* «Revista de Ciencias Jurídicas y Sociales», año VII, nº 25, enero-marzo de 1924, pág. 132-136. La primera tiene muy escaso interés para conocer la vida y la obra de Santamaría, de la que apenas habla a lo largo de sus 30 páginas. La segunda, pese a centrarse en la obra del profesor madrileño, es muy breve.

[6] *Cfr.* Carmen Fernández-Miranda Campoamor, *op. cit.* pág. 145.

[7] De la formación y trayectoria académica (grados, títulos, oposiciones, premios, destinos, etc) de Santamaría, acompañado de un repertorio de sus obra), aparte del citado estudio de Carmen Fdez-Miranda, se ocupa Yolanda Blasco Gil en *Vicente Santamaría de Paredes, político y administrativista*, en Adela Mora Cañada (coord.), «La enseñanza del derecho en el siglo XX: homenaje a Mariano Peset», Instituto Antonio de Nebrija, 10, Madrid, 2004, págs. 45-80. Tanto Carmen Fdez-Mirada como Yolanda Blasco se basan en el expediente personal de Santamaría depositado en el Archivo General de la Administración Pública, sito en Alcalá de Henares. Ese expediente (A.G.A., sig. 32/7285 y sig. 31/16734) lo ha consultado también la profesora Clara Álvarez Alonso, a quien agradezco la información que me ha proporcionado al respecto sobre algunos aspectos de la trayectoria académica y administrativa de Santamaría.

[8] Sobre este particular, *vid.* el clásico estudio de Vicente Cacho Viu, *La Institución Libre de Enseñanza. Orígenes y etapa universitaria* (1860-1881), Rialp, Madrid, 1962. Muchos más recientemente, VVAA, *La Institución Libre de Enseñanza y Francisco Giner de los Ríos. Nuevas perspectivas,* Fundación Francisco Giner de los Ríos/Acción Cultural Española, Madrid, 2013, 3 vols.

[9] *Cfr.* Carmen Fdez-Miranda, *op. cit.* pág. 146, quien recoge la cita de Juan José Gil Cremades.

[10] *Cfr.* Santiago Valentí Camp, *Ideólogos, teorizantes y videntes*, Minerva, Barcelona, 1922. Citado por Carmen Fdez-Miranda, *ibidem,* pág. 146.

[11] Sobre la biografía de Pérez Pujol *vid.* las obras que cita Yolanda Blasco en la nota 31 de su mencionado trabajo.

[12] *Cfr.* Carmen Fdez-Miranda, *op. cit.* pág. 146.

[13] *Cfr.* Yolanda Blasco, *op. cit.* pág. 80, nota 72.

[14] «Los socialistas sólo ven el todo, los individualistas las partes; nosotros, el todo y las partes, en su relación armónica», *Curso de Derecho Político,* 4ª edición (por la que se citará en adelante), Establecimiento tipográfico de Ricardo Fe, Madrid, 1890, pág. 10. Hay una edición facsimilar en Analecta, Pamplona, 2004.

[15] Manuel Suárez Cortina contextualiza esas ideas en *Republicanismo y nuevo liberalismo en la España del novecientos*, dentro de la obra colectiva, coordinada por este autor, «Las máscaras de la libertad. El liberalismo español. 1808-1950», Marcial Pons Historia, Madrid, 2003, especialmente págs. 336, 338 y 353.

[16] Valencia, 1886.

[17] *Cfr.* Adolfo G. Posada, *Fragmentos de mis Memorias,* Servicio de Publicaciones de la Universidad de Oviedo, Oviedo, 1983, págs. 344-5.

[18] Lo reconocería el propio Posada en la obra citada en la nota anterior, pág. 345. Por su parte, Alfredo Gallego Anabitarte, refiriéndose a los *Elementos de Derecho Político y Administrativo de España*, cuya primera edición vio la luz en 1858 y la séptima en 1887, escribe: «Los «Elementos» de Colmeiro fue el libro con el que empezaban y terminaban los estudios políticos y administrativos los

estudiantes de Derecho durante gran parte del siglo XIX», *Las asignaturas de Derecho Político y Administrativo: el destino del Derecho Público Español*, «Revista de Administración Pública», n 100-102, vol. I, enero-diciembre de 1983, págs. 756-757.

[19] Así lo establecía el Real Decreto de 1 de agosto de 1900, publicado tres días más tarde en la «Gaceta». Sobre este particular, *vid.* Manuel Martínez Neira, *El estudio del derecho. Libros de texto y planes de estudio en la Universidad contemporánea*, Universidad Carlos III/ Dykinson, Madrid, 2001.

[20] El Índice o «Plan General de la obra» permanece, en efecto, inalterado desde la cuarta edición. Sólo en el capítulo XVII («España Constitucional») de la parte dedicada a la «Historia del Derecho Político Español» se actualizan, en muy breves líneas, lo dicho en relación al reinado de Alfonso XII, a la Regencia de Mª Cristina y, desde 1902, al reinado de Alfonso XIII. Se introducen también muy ligeras actualizaciones en la sección segunda (Legislación política especial), en la parte dedicada a la «Legislación política vigente en España», en lo relativo a la Ley de Asociaciones y sobre todo a la Ley Electoral del Congreso, tras la aprobación del sufragio universal masculino el 26 de junio de 1890. Por último, a partir de la séptima edición (1903) se inserta un apéndice sobre «Legislación Extranjera Vigente» «para facilitar el estudio comparado del Derecho Político Español con el extranjero» y se pone al día el apéndice relativo a los «Gobiernos Españoles desde el año 1833» y a las «Cortes Españolas desde el año 1834».

[21] *Curso de Derecho Político, op. cit.* pág. 19.

[22] *Ibidem,* págs. 52 y 54.

[23] Al influjo del krausismo, sobremanera de Ahrens, en el Derecho Político español dedico unas cuantas páginas en mi trabajo *¿Qué ocurrió con la Ciencia del Derecho Político en la España del siglo XIX?*, que recojo en mi libro recopilatorio *Política y Constitución en España. 1808-1978*, CEPC, Madrid, 2ª edición, 2014, prólogo de Francisco Rubio Llorente.

[24] *Curso de Derecho Político, op. cit.* pág. 72.

[25] *Ibidem*, pág. 74, cursiva del autor.

[26] *Ibidem*, pág. 75.

[27] *Ibidem*, pág. 76.

[28] *Ibidem*, pág. 76.

[29] *Ibidem*, pág. 79.

[30] Sobre el contexto histórico e intelectual en el que Bluntschli escribe, *vid.* Olivier Meuwly, *Les penseurs politiques du 19e siècle. Les combats d'idées à l'origine de la Suisse moderne,* Presses polytecniques et universitaires romandes, Lausanne, 2007, págs. 61 y ss.

[31] En esta influencia insiste Iñaki Iriarte López en su estudio preliminar a los *Escritos Políticos* de Gregorio de Balparda, Universidad del País Vasco, Bilbao, 2013, pág. 32. En las págs. 31 a 25 Iriarte pone de relieve el enorme influjo de Santamaría en el pensamiento político de Balparda.

[32] *Curso de Derecho Político, op. cit.* pág. 98.

[33] *Cfr. ibidem,* pág. 18.

[34] *Cfr. La Política y la Moral, op. cit,* págs. 68 a 81.

[35] *Curso de Derecho Político, op. cit.* págs. 388-389 y 407-408. En el antifederalismo de Santamaría insiste Pérez Pujol en la pág. 24.

[36] Ángel Rexach llega a sostener que «en la construcción de Santamaría de Paredes aparecen todos los problemas que todavía hoy gravitan en torno a la Jefatura del Estado», *La Jefatura del Estado en el Derecho Público Español*, Instituto Nacional de la Administración Pública, Madrid, 1979, págs. 209. Llevo a cabo un análisis de esta cuestión en *Santamaría de Paredes y el Derecho Político de la Restauración*, incluido en mi citado libro recopilatorio *Política y Constitución en España. 1808-1978*. En general examino aquí con más amplitud que ahora el contenido de su *Curso de Derecho Político*.

[37] Aunque, como recuerda Pérez Pujol, Colmeiro se habían circunscrito a los reinos de Castilla y León, mientras que Santamaría ofrecía en su *Curso* «por primera vez en España» una exposición completa de las instituciones políticas de España en todos los reinos de la Península, «bajo el concepto de la unidad superior que constituye nuestro carácter nacional», *Ibidem,* pág. 44.

[38] Sobre esta obra se extiende José Álvarez Junco en su reciente libro, escrito en colaboración con Gregorio de la Fuente, Carlolyn Boyd y Edward Baker, *Las historias de España. Visiones del pasado y construcción de identidad*, Crítica/Marcial Pons, Barcelona, 2013, págs. 263 y ss.

[39] *Aproximación a la historiografía constitucional española*, en Joaquín Varela Suanzes-Carpegna (ed.) «Historia e Historiografía Constitucionales», Trotta, Madrid, 2015, pág. 113.

[40] Posada recuerda que la distinción entre la parte dogmatica y la orgánica de las Constituciones, que él también acoge, la tomó del «Derecho Natural» de Giner, pero que éste parecía habérsela oído «al Sr. Figuerola cuando explicaba en su cátedra de Derecho Político Comparado». *Tratado de Derecho Político*, Madrid, 1894, vol. II, pág. 14, nota 1. Pero, en rigor, como queda dicho, creo que esta distinción debe atribuirse a Colmeiro.

[41] *Fragmentos de mis Memorias, op. cit.* pág. 277.

[42] *Ibidem*, pág. 345.

[43] *Don Vicente Santamaría de Paredes, op. cit.* pág. 133.

[44] *Ibidem*, pág. 134. Posada añade que Pérez Pujol fue «una de las grandes figuras del profesorado universitario de España y que tanto influyó en la formación científica de Santamaría».

[45] *Ibidem,* pág. 78. Y ello por cuanto dentro del Derecho Político en el *Curso* se trataba de exponer su «Ciencia» y no su «Arte», *ibidem*, págs. 77-78.

[46] *Ibidem*, pág. 135.

[47] Joaquín Sánchez de Toca, *op. cit.* pág. 8.

[48] *Nota preliminar* a la edición española del «Derecho Político» de E. Stein, Aguilar, Madrid, 1973, pág. XIII.

[49] *Derecho Político*, en «Nueva Enciclopedia Jurídica Seix», Barcelona, 1975, vol. I, pág. 904.

[50] Entre una y otra fecha se editó en 1888, 1891, 1894, 1898, 1903 y 1911. Aquí se ha consultado la octava y última edición, Imprenta Española, Madrid, 1914. La preparación de esta obra era bastante anterior. A este respecto, en su expediente académico consta que por Real Orden de 1 de marzo de 1882, el rey le concedió permiso para residir en Madrid con el fin de escribir una obra sobre Derecho administrativo y viajar al extranjero para «visitar los archivos y bibliotecas». Consta, asimismo, que el 22 de septiembre de 1882 Santamaría solicitó al Ministerio de

Fomento, y este aceptó al día siguiente, prorrogar dos meses la comisión que se le había confiado por la mencionada Real Orden de 1 de marzo, a fin de terminar su investigación sobre derecho administrativo. No hay constancia, sin embargo, del destino de ese viaje de estudios.

[51] *Curso de Derecho Administrativo, op. cit.* pág. 1.

[52] *Ibidem*, págs. 140 y ss., págs. 163 y ss.y págs. 295 y ss.

[53] *Ibidem,* págs. 45-46.

[54] *Ibidem,* pág. 38.

[55] *Ibidem*, pág. 3.

[56] *Ibidem,* pág. 33.

[57] *Ibidem*, pág. 39.

[58] Junto a L. Villarrazo publicó también un *Curso de Derecho Penal Español* en 1871.

[59] Imprenta Colonial, Madrid, 1901, pág. 11.

[60] Insiste en este extremo Posada en su citada necrológica, pág. 132.

[61] Fue abogado del Ilustre Colegio de Madrid desde mayo de 1874 y es autor de un trabajo titulado *La profesión de abogado en general y en España,* recogido en el «Diccionario de Legislación Española», dirigido por Mas y Abad, como consta en su expediente personal.

[62] Esa ley castigaba con la pena de prisión correccional a los que de palabra o por escrito injuriasen u ofendiesen «clara o encubiertamente» al Ejército, a la Armada, a la nación y a sus símbolos, además de atribuir en algunos supuestos el conocimiento de estos delitos de opinión a la jurisdicción castrense. No sólo suponía, pues, un importante recorte a la libertad de expresión, sino también un grave atentado a la unidad jurisdiccional, y por tanto una quiebra indudable del Estado de Derecho, además de fomentar la intervención del ejército en los conflictos sociales, como ocurriría durante la «Semana Trágica» de 1909. La Ley de Jurisdicciones fue muy contestada desde el momento mismo de aprobarse, en especial por los catalanistas, que ese mismo año de 1906 se agruparon en la plataforma electoral «Solidaritat catalana».

[63] *Cfr. Curso de Derecho Administrativo, op. cit.* págs. 749 y ss. *Vid*, asimismo, Luis Martín Rebollo, *El proceso de elaboración de la ley de lo contencioso-administrativo de 13 de septiembre de 1888,* Instituto de Estudios Administrativos, Madrid, 1975.

[64] *Cfr*, sobre este extremo, Gonzalo Díaz, *op. cit.* pág. 175.

[65] Citado por Yolanda Blasco.

[66] Como el que publicó en 1910, junto a Francisco Mora y Pedro Pablo de Alarcón, sobre un complejo conflicto laboral que estalló en Gijón durante la primavera de ese año: *Informe acerca del conflicto obrero-patronal de Gijón*, Imprenta de la sucesora de M. Minuesa de los Ríos, Madrid, 1910.

[67] Este discurso vio la luz ese mismo año en la madrileña tipografía de R. De.

[68] *La Política y la Moral*, discurso leído en el acto de su recepción por el Excmo. Sr. D. Antonio López Muñoz y contestación del Excmo. Sr. D. Vicente Santamaría de Paredes, académico de número, el día 15 de diciembre de 1912. Establecimiento tipográfico «Sucesores de Rivadeneira», Madrid, 1912, pág. 82.

[69] Fue elegido exactamente el 6 de noviembre de ese año. Pero no tomó posesión, por lo que se declaró la vacante el 12 de diciembre de 1913. Recojo estos

datos de la web de la propia Real Academia de la Historia. La verdad es que su aportación a la historiografía es irrelevante.

[70] Sobre este particular se extiende Pedro Carlos González Cuevas en *El Rey y la Corte*, recogido en Javier Moreno Luzón (ed.) «Alfonso XIII. Un político en el Trono», Madrid, 2003, pág. 94. Destaca González Cuevas que el resto de los preceptores eran militares o aristócratas, además de su confesor, el Padre Fernández Montaña, y el encargado de sus ejercicios espirituales, el jesuita Padre Coloma. Todos ellos muy conservadores e incluso integristas, como su confesor.

[71] Javier Tusell y Genoveva Queipo de Llano, *Alfonso XIII. El Rey polémico*, Taurus, Madrid, 2001, pág. 111-113 y nota 85.

[72] Carlos Seco Serrano, *La Restauración y sus «aperturas»*, Fundación Universitaria Española, Madrid, 1977, pág. 206. Esta ilustrativa anécdota la tomó Seco Serrano de la biografía que Pabón dedicó a Cambó.

[73] Así consta en los archivos del Consejo. Agradezco la información al profesor Juan María Bilbao, exjefe del Gabinete del Presidente del Consejo de Estado, y a Doña Carmen Puig Galindo, Jefa de los servicios administrativos de este órgano.

[74] *Apud*, Carmen Fdez-Miranda, *op. cit*, pág. 147.

[75] *Cfr.* Adolfo Posada, *Don Vicente Santamaría de Paredes*, *op. cit.* pág. 132.

[76] *Cfr.* Joaquín Sánchez de Toca, *op. cit.* págs. 29-30. Señala aquí este autor que, «en medio de todo, por el proceso de su enfermedad, la muerte ha sido para él una redención, porque para vivir como vivía, vale más buscar una vida mejor, como la que seguramente goza ahora».

LA TRAYECTORIA INTELECTUAL Y POLÍTICA DE ADOLFO POSADA (1860-1944)

JOAQUÍN VARELA SUANZES-CARPEGNA

1. Los años de formación

Adolfo González Posada nació en Oviedo el 18 de septiembre de 1860, en el seno de una familia dedicada al comercio. Estudió el bachillerato en el Instituto de su ciudad natal y se graduó en 1874. En ese mismo año ingresó en la Facultad de Derecho de la capital asturiana, en la que se licenció en 1878. Su primer contacto con el Derecho Político no fue muy edificante: «más que en clase», lo aprendió en «los libros de Colmeiro», sobre todo en el llamado «Colmeiro el pequeño», que era, en palabras de Posada, «una especie de remediavagos muy en uso en nuestras Universidades»[1]. No obstante, en el segundo año de Derecho Político las cosas cambiaron debido a la llegada de un sugestivo aunque fugaz profesor —tan fugaz que no logra recordar su nombre— y sobre todo a las clases que sobre este particular se vio obligado a impartir Rafael de Ureña, en quien «parecía germinar alguna semilla del krausismo recogida en Ahrens y en Giner, planta, por lo demás, para mí desconocida»[2]. Este desconocimiento no duraría mucho, sin embargo, pues por aquellos años Posada se topa con un ejemplar del *Ideal de la Humanidad para la vida*, de Krause, cuyo «sabor místico» le atrajo de manera muy especial[3]. El krausismo, de tanto influjo en la intelectualidad española de la segunda mitad del siglo XIX[4], sería la filosofía que más impacto tendría en su obra e incluso en su vida.

Tras terminar sus estudios de Derecho, Posada se trasladó a Madrid a cursar Filosofía y Letras, pero pronto abandonó esa carrera y la capital de España al comprobar que muchos de los mejores profesores habían sido apartados de sus cátedras por Orovio, Ministro de Fomento en el Gobierno de Cánovas del Castillo, el artífice de la Restauración. Un régimen político con el que el profesor asturiano se mostraría siempre muy crítico.

Posada regresó a Madrid en 1879 y en diciembre del año siguiente obtuvo el título de Doctor en Derecho por la Universidad Central con una Tesis sobre las *Relaciones entre el Derecho Natural y el Derecho Positivo*. Este título hoy nos asombra por su amplitud, pero es preciso temer en cuenta que entonces se escogía entre un cuestionario impuesto por la propia Universidad Central, que era la única con capacidad para expedir el grado de Doctor. Con este sistema, que Posada no deja de criticar, la Tesis «se convertía en un trámite académico consistente en la respuesta escrita a una pregunta o cuestión de un programa dado»[5]. En su Tesis se percibía la impronta del krausismo y de Ihering, de quien tradujo, en 1881, *La Lucha por el Derecho*, con un Prólogo de Leopoldo Alas, «Clarín». De acuerdo con estas influencias, Posada «procuraba distinguir, no separar, y menos oponer, el Derecho Natural y el Positivo... comprendidos ambos en la unidad inagotable del Derecho en la vida...»[6].

De las observaciones que le hicieron los miembros del Tribunal Posada sólo recuerda una, la de su Presidente, José Moreno Nieto, «gran apóstol del espiritualismo», que merece la pena, y mucho, reproducir aquí, pues resulta muy ilustrativa del ambiente antipositivista que se respiraba en la Universidad española:

> «... después de aplaudir la tendencia general de la Tesis (escribe Posada refiriéndose al bueno de Don José), aprovechó una de mis intervenciones para arremeter contra los positivistas:
>
> — «No niego —decía don José— que los hay que saben hacer pucheros y son excelentes «pucherólogos». Pero, ¿para qué sirven los pucheros vacíos? Lo que importa es saber y tener con qué llenarlos».
>
> — Con el ideal, ¿verdad?, me atreví a decir.
>
> — Claro, hombre, claro»[7].

En la capital del España, en la que permaneció cuatro años, Posada asistió también a los Cursos que impartía la Institución Libre de Enseñanza, con cuyos creadores, Francisco Giner de los Ríos y Gumersindo de Azcárate, dos de los Catedráticos expulsados por Orovio, Posada comenzó a trabar una decisiva y duradera amistad[8]. En realidad, tanto la vida como la obra del profesor asturiano iban a estar estrechamente ligadas a estos dos grandes liberales. En lo que concierne a Giner, Posada reconoce en sus *Memorias* el ascendente que en toda su obra ejerció el Curso que, con el título de *Principios de Derecho Político*, el profesor malagueño impartió en la madrileña sede de la Institución Libre de Enseñanza a lo largo de 1880 o 1881 (la fecha exacta no la recuerda) y que nunca llegaría a publicarse. «Para mí fue una verdadera revelación», dirá Posada[9], quien añade que el Curso de Giner «centró o, mejor, dio cierta cohesión —¡que buena falta le hacía!— a mi formación, dispersa, fragmentaria, en lo referente a la Filosofía del Estado...»[10].

En su *Breve historia del krausismo español,* Posada, tras reconocer de nuevo el impacto de este Curso, recuerda que en él Giner apostaba por un

> «derecho político de abolengo krausista, sin duda, por su base ética, sus supuestos metafísicos y su sentido esencialmente orgánico, pero de una profunda originalidad frente a las tendencias entonces invasoras del organicismo sociológico... Giner —concluía Posada— contribuyó como nadie, quizá, a afirmar la sustantividad del Derecho Político, disciplina distinta de la Política y del Derecho Constitucional y del llamado Derecho Público, y contribuyó también a la rectificación de la clásica división del Derecho —en público y privado—, tan característica de lo que algunos, no sé si con precipitación o exageración, llaman escuela jurídica española: jurídica y política, diría yo»[11].

Este Curso, junto a los *Principios de Derecho Natural* (1871), del mismo autor, fueron, revela Posada,

> «mis «andadores» en la elaboración de la Teoría del Estado que había de constituir la preocupación central de mi espíritu en los cincuenta años de cátedra en Oviedo, en Madrid y en alguna cátedra hispanoamericana, especialmente en las Universidades de La Plata y de Buenos Aires en la República Argentina»[12].

En lo que atañe a Gumersindo de Azcárate, Posada lo califica en sus *Memorias* de «consejero y guía». «Lo que yo le debo a Azcárate —añade— no sabría decirlo y menos explicarlo, ¿para qué? Le debo en buena parte la formación de mi íntimo ser moral»[13]. A su juicio, el intelectual leonés fue «el más honesto, desinteresado, competente, respetable y respetado de los hombres públicos españoles»[14].

Pero aparte de sus estudios de doctorado y de sus cursos en las Institución Libre de Enseñanza, Posada frecuentó en Madrid la «rica biblioteca» del Ateneo, en la que preparó sus oposiciones a Cátedra, y sus a veces animados debates, además de participar en diversas tertulias, como la del «Fornos» y luego la de «La Cervecería Inglesa»— llamada por Ortega Munilla el «Bilis Club», injustamente, según Posada. A esas tertulias asistían, entre otros muchos, sus paisanos Armando Palacio Valdés y Leopoldo Alas. Con este último mantuvo una gran amistad, primero en Madrid y luego en Oviedo, conversando sobre las más diversas cuestiones y leyendo juntos a los novelistas franceses y rusos así como a los poetas alemanes.

2. Catedrático en Oviedo

En 1883 —cuando sólo contaba 23 años, que así de rápido se hacían entonces estas cosas— Posada obtuvo por unanimidad la Cátedra de «Elementos de Derecho Político y Administrativo» de la Universidad de Oviedo. El Tribunal que se la otorgó estaba compuesto por Juan Uña, Consejero de Instrucción Pública, el ex-Ministro de Hacienda Laureano Figuerola, Gumersindo de Azcárate, reintegrado a su Cátedra por el Gobierno Sagasta, Juan Hinojosa, hermano del ilustre historiador del Derecho, Concha Alcalde, Registrador de Salamanca, y dos asturianos muy amigos suyos: Adolfo Alvarez Buylla y Leopoldo Alas[15].

Ese mismo año de 1883 se incorporó a la Facultad de Derecho de Oviedo, de la que formaban parte, entre otros, los mencionados Adolfo Alvarez Buylla y Leopoldo Alas, así como Fermín Canella. Destacados miembros todos ellos, como el propio Posada, de lo que Joaquín Costa llamó «movimiento de Oviedo»[16], al que se sumaron más tarde Aniceto Sela, Rafael Altamira y el gran tribuno republicano Melquíades Álvarez. A ese «movimiento» o «grupo» pertenecían algunos profesores de ideología conservadora, como Guillermo Estrada y Matías Barrio y Mier, pero animados también de una ejemplar entrega a las tareas universitarias.

En 1884 Posada da a la imprenta un libro titulado *Principios de Derecho Político*, que, como él mismo confiesa, se inspiraba en el antes comentado Curso que Giner había expuesto sobre esta materia en la Institución Libre de Enseñanza y que le sirvió también para preparar sus oposiciones a Cátedra[17].

En este libro juvenil y un tanto precipitado, como reconocería su autor[18], Posada, recordando lo dicho por Ahrens en la *Enciclopedia Jurídica o Exposición orgánica de la Ciencia del Derecho y del Estado* (escrita en alemán en 1855 y vertida al español en 1878), señalaba que «el cuadro de las Ciencias particulares que comprende la Enciclopedia del Derecho Político» abarcaba la «Filosofía del Derecho Político», la «Historia del Derecho Político» y la «Filosofía de la Historia del Derecho Político»[19]. Ahora bien, en los *Principios* Posada añadía por su cuenta consideraciones propias de otras ciencias, fundamentalmente la Sociología, pero también la Biología y la Psicología.

Durante estos primeros años como catedrático, merece la pena destacar también el libro que publicó en 1891 con el título *Estudios sobre el Régimen Parlamentario en España* (1891)[20], en el que ponía al descubierto los aspectos menos edificantes del sistema canovista. Algo que ya había hecho Gumersindo de Azcárate en *El régimen Parlamentario en la práctica* (1885).

Un par de años después, retomando lo que había esbozado en sus *Principios de Derecho Político*, Posada dio a la imprenta el *Tratado de Derecho Político,* que constaba de tres tomos. El primero se dedicaba a la «Teoría del Estado» y el segundo al «Derecho Constitucional Comparado de los principales Estados de Europa y América», mientras que el tercero se titulaba «Guía para el estudio y aplicación del Derecho Constitucional de Europa y América (cuestionarios, textos y bibliografía)»[21].

Al distinguir entre «Teoría del Estado» y «Derecho Constitucional Comparado», la división tripartita del Derecho Político sustentada por Ahrens —que Santamaría de Paredes ya había acogido[22]— da paso, pues, a otra bipartita, tomada de Bluntschli. Una división que mantuvo en las sucesivas ediciones del *Tratado,* que se publicaron ya en el siglo XX, con gran fortuna, sobre todo la quinta y última, la más completa de todas, que vio la luz en 1935, y en donde se define al Derecho Político como el «Derecho del Estado»[23].

Ahora bien, la distinción entre «Teoría del Estado» y «Derecho Constitucional Comparado» encubría en realidad una idea enciclopédica del Derecho Político, que se había puesto de relieve diez años antes en los *Principios*, según se ha visto. Una idea que el propio Posada reconocía abiertamente al señalar que su *Tratado* abarcaba «aquellas materias que son sin duda las más importantes en la actualidad dentro de la *Enciclopedia del Derecho Político*»[24].

Como he mostrado en otro lugar[25], a partir de este concepto de Derecho Político, muy próximo al de la Ciencia Política, el maestro asturiano, lejos de vertebrar en España una ciencia del Derecho Constitucional, centrada en el estudio de la Constitución vigente (una ciencia que por aquel entonces auspiciaban Laband y Jellinek en Alemania, Orlando en Italia, Dicey en la Gran Bretaña, y Esmein y Carré de Malberg en Francia), consolidó una asignatura enciclopédica, en la que los aspectos jurídicos ocupaban un lugar muy secundario. Cierto que la vigente Constitución de 1876, cuyo valor normativo fue muy escaso, cuando no nulo, sin que sirviese tampoco para ordenar el proceso político[26], no ayudaba a articular una ciencia del Derecho Constitucional. Pero, como también he puesto de relieve en otra ocasión[27], las causas del alejamiento de Posada de esta ciencia y su inclinación por la Ciencia Política, se debían a su rechazo del positivismo jurídico y al peso de un concepto material de Constitución, hegemónico a lo largo de nuestro siglo XIX, ya fuese histórico (como el que formularon Jovellanos y Cánovas) o sociológico (por el que se decantó Posada) o ambas cosa a la vez. Buena prueba de lo que aquí se sostiene es que bajo la vigencia de la Constitución de 1931, concebida como norma jurídica suprema y que coherentemente puso en planta un Tribunal de Garantías Constitucionales, Posada siguió dedicando en la quinta y última edición de su *Tratado* tan pocas páginas como las que le había dedicado antes en este libro a la Constitución de 1876, de naturaleza no muy distinta, por otra parte, a las vigentes en la Europa del último tercio del siglo XIX y comienzos del XX. En cambio, en el segundo volumen del *Tratado* Posada expone de manera pormenorizada, aunque es verdad que casi siempre meramente descriptiva, el derecho público de la Gran Bretaña, de los Estados Unidos, de Francia y de Alemania.

La escasa importancia que el ordenamiento y la doctrina españolas tienen en la obra de Posada, frente a las constantes referencias a los ordenamientos y doctrinas extranjeros, ha llevado incluso a algún autor a hablar de una «desnacionalización» del Derecho Político por parte del publicista asturiano[28].

El *Tratado*, aparte de su enorme influencia en el Derecho Político español y de convertirse en libro de texto en alguna Universidad hispano-americana, se tradujo al italiano en 1902 y un extracto al alemán en 1913. Sobre la relevancia del *Tratado*, sin suda su obra cumbre, se pronunciaría el propio Posada en sus *Memorias* al hacer el balance de su dilatada producción científica:

> «Todo cuanto he trabajado en ciencia política —filosófica y positiva— lo he trabajado *en* y *para* este «Tratado», que estimo la obra capital de mi larga vida de profesor, de investigador y de publicista...»[29].

Pero en la capital asturiana la labor de Posada no se limitó a escribir obras académicas. Con Buylla, Canella, Alas y Sela, Posada fundó en 1895 la «Escuela de Estudios Jurídicos y Sociales» y tres años más tarde la «Extensión Universitaria», dependientes ambas de la Universidad de

Oviedo, entonces la más pequeña de España, pero que llegó a alcanzar por esos años un gran prestigio. Con la «Escuela» se intentaba sustituir la clásica lección magistral por el debate de un tema monográfico expuesto ante un reducido grupo de alumnos voluntarios, siguiendo el ejemplo alemán del seminario. Con la «Extensión Universitaria» se pretendía difundir la cultura entre la clase obrera. Eso sí, sin degradarla, pues si Adolfo Posada, de acuerdo con la mejor tradición liberal española (la más sólida base de regeneración nacional desde la Ilustración), detestaba el clasismo, que impedía el acceso a la Universidad a muchas personas valiosas por razones puramente económicas, con igual fuerza mantenía una imprescindible actitud elitista hacia la Universidad, cimentada en la aristocracia del talento y del trabajo, sin la cual no hay Universidad digna de ese nombre. En el mismo año de 1898 Posada fundó también, en unión de Rogelio Jove y Félix de Aramburu, otros destacados miembros del «grupo de Oviedo», las Colonias Escolares de Salinas[30].

En la Universidad ovetense permaneció Posada veinte años. Durante ellos continuó estudiando a fondo todos los problemas fundamentales del derecho, del Estado y, por supuesto, de la sociedad. Es muy significativo que cuando Posada rememora, con nostalgia y cariño, sus años de Catedrático en la capital asturiana, recuerde el goce intelectual que le producían sus reflexiones sociológicas:

> «... lo que me he divertido cavilando sobre si la sociedad es un «organismo» con sus células y sus tejidos... y sobre si el objeto de la Sociología es el «ser social» o el «hecho social», o «lo social» sencillamente... y conversando, por correspondencia, con mis buenos amigos Gabriel Tarde, René Worms, Gaston Richard, Francesco Nitti, F. H. Giddins, Novicow, etc, etc...»[31].

Porque, en efecto, aparte del decisivo ascendente de la filosofía krausista, en Posada resultó muy poderosa la influencia del positivismo sociológico, base científica de la naciente Sociología, de la cual fue Posada uno de los primeros cultivadores en España. El impacto de la Sociología se detecta ya en sus ya comentados *Principios de Derecho Político* (1884), para manifestarse de forma más explícita y madura en su estudio *Teorías modernas acerca del origen de la familia, de la propiedad y del Estado*, que se publicó en 1892 y se tradujo luego al francés. Pero en Posada se percibe también la huella del positivismo biológico, psicológico e histórico. De este manera, autores como Spencer, Wundt, Tarde, Taine y Savigny están presentes ya en sus primeras obras, particularmente en el *Tratado*. En cambio, Posada, como los demás krausistas, se sintió muy distante, como queda dicho, del positivismo jurídico, sobre todo del alemán, que serviría de cimiento a la articulación del Derecho Constitucional en Europa.

A lo largo de estas dos décadas ovetenses Posada se vio obligado a completar su magro sueldo de Catedrático —que en su primer año no pasaba de 3.500 pesetas anuales— con una asidua colaboración en la prensa regional y madrileña, así como con diversas traducciones del francés, del alemán y del inglés, idiomas que, junto al italiano y al portugués, leía sin dificultad[32]. Posada, además, participó en las actividades del Instituto Internacional de Sociología de París y del Círculo de Estudios Sociales de Génova, realizó algunos viajes académicos a Italia, Francia, Alemania, Inglaterra —la Universidad de Oxford le dejó una huella indeleble— Holanda, Bélgica y Suiza; ejerció como Bibliotecario de la Facultad de Derecho, aumentando de forma muy considerable sus fondos; participó en París, en 1894, junto a Alvarez-Buylla y a Sela, en la creación del moderno movimiento olímpico internacional; y asistió a diversos Congresos nacionales e internacionales, como el Congreso Pedagógico de 1898 o el Congreso Hispano-americano de 1900, que supuso una importancia afirmación de un nuevo y fecundo americanismo, superador de los viejos esquemas paternalistas y neocoloniales. La política americanista de colaboración académica e intercambio docente con centros universitarios de Hispano-América (en aquel entonces a ningún español, por afrancesado que fuese, se le ocurría hablar de «América Latina») culminaría en 1909 con el viaje a América de Rafael Altamira en 1909, que allanaría el camino a otros viajes de Posada, a los que luego me referiré[33].

Otras de las preocupaciones fundamentales de Posada durante su permanencia en la Universidad asturiana —en realidad, durante toda su vida— fue la «cuestión social». Preocupación común a los krausistas y, en particular, al grupo de Oviedo. Posada confiesa en sus *Memorias* que antes de que el siglo XIX terminase creía

> «urgente una transformación del viejo liberalismo individualista, abstracto, de mero *laissez-faire*, tan necesitado del influjo de lo que yo había de llamar «fluido ético», idea que, andando el tiempo, constituiría el eje central de mi teoría —y práctica— del Derecho y del Estado»[34].

En 1902, José Canalejas, Ministro del Gabinete Sagasta, hombre muy próximo al krausismo y máximo exponente del nuevo liberalismo social o de izquierda (una expresión que en modo alguno es un oxímoron, como hoy se cree en esta España desmemoriada), se dispuso a crear un Instituto de Trabajo[35]. Para tal propósito requirió la asesoría de Buylla y Posada, quien habla con mucha admiración en sus *Memorias* del político gallego[36]. Este proyecto fracasó, pero merced a él el Gabinete presidido por Francisco Silvela aprobó al año siguiente un Real Decreto que ponía en pie el Instituto de Reformas Sociales, dirigido por Gumersindo de Azcarate. Precisamente, Posada se trasladó a Madrid en 1904 para incorporarse a este Instituto, en donde trabajó hasta su desaparición en 1924. Se cerraba, así, su ciclo de catedrático en Oviedo.

3. En el Instituto de Reformas Sociales y en la Universidad de Madrid

Durante los veinte años que permaneció en el Instituto —al que algunos liberales a la vieja usanza llamaban «Instituto de vacunación socialista»[37]— Posada se ocupó de la sección de Bibliografía y Legislación, cargo que llevaba anexo el de redactor-jefe de un Boletín y el cometido de estudiar y dictaminar las disposiciones normativas de contenido social, con el objeto de proponer al Gobierno su reforma o su sustitución por nuevos proyectos de Ley. De manera que puede decirse que el origen del moderno derecho laboral está indisociablemente asociado al nombre de Adolfo Posada[38].

Durante estos años se produjo en nuestro país un notable desarrollo económico, auspiciado por la repatriación de capitales de las últimas colonias y por la neutralidad de España durante la I Guerra Mundial, que vino acompañado de una gran agitación social, en parte por la carestía y la escasez de bienes de primera necesidad. A este respecto, conviene recordar que Posada, como los demás krausistas, enfocaba la cuestión social desde una perspectiva reformista y «armónica», tan alejada del miope egoísmo de la derecha española como de los sueños revolucionarios de la izquierda socialista o anarquista, convertidos en pesadilla después de la revolución soviética de 1917.

En el orden político, las dos primeras décadas del siglo se caracterizaron por la crisis de la Restauración, acelerada por la descomposición de los partidos turnantes, sobre todo después del fracaso de

Maura y del asesinato de Canalejas, en 1912, tan sentido por Posada, en medio de una desastrosa guerra colonial en Marruecos, a resultas de la cual arreciaron las críticas de buena parte de la sociedad contra el Ejército y contra el propio Rey, Alfonso XIII. En este contexto, tuvo lugar un importante auge del Partido Socialista, en cuya prensa colaboró Posada con asiduidad[39], así como de los nacionalismos periféricos y del republicanismo. Mención especial merece la creación del Partido Reformista por Gumersindo de Azcárate y por el gijonés Melquíades Álvarez, uno de los discípulos más destacados de Posada, al que sólo llevaba cuatro años. En el Partido Reformista, junto a su primo José Manuel Pedregal, militó Posada desde su fundación, en 1912, hasta los primeros años de la II República, siendo elegido Senador por Asturias entre 1920 y 1923.

Aunque durante los primeros seis años Posada se volcó en las actividades del Instituto de Reformas Sociales, a partir de 1910 el profesor asturiano reanudaría el estudio del Derecho Político, de la Sociología y de la Administración Local. A esta última dedicó buena parte de su atención desde su acceso, en 1910, a la flamante cátedra de Derecho Municipal Comparado en la Universidad Central de Madrid, creada en el marco de los cursos de doctorado impartidos por esta Universidad y entre cuyos alumnos Posada recuerda en sus *Memorias* a José Antonio Primo de Rivera, a José Calvo Sotelo, a José María Gil Robles y a Lepoldo Alas y García Argüelles, hijo de su querido amigo «Clarín» y fusilado más tarde por los franquistas cuando era Rector de la Universidad de Oviedo. Durante esta época Posada continuó enseñando también en la Institución Libre de Enseñanza, de la que llegó a ser Vicerector de Estudios, y en 1907 aceptó formar parte de la Junta para el Fomento de la Educación Nacional. Un organismo que Canalejas presidió en 1910 y que llevó a cabo una encomiable política educativa, apoyada por Rafael Altamira desde la Dirección General de Enseñanza Primaria.

En 1910, pensionado por la Junta para la Ampliación de Estudios —otra gran creación del krausismo, junto a la Residencia de Estudiantes— Posada, en sustitución de Santiago Ramón y Cajal, que se encontraba enfermo, emprendió un viaje por Argentina, Chile, Uruguay y Paraguay, acompañado de su hijo Carlos. Este viaje contribuyó a reforzar los lazos académicos e intelectuales entre estos países y España y, desde luego, a difundir la obra del profesor asturiano, sobre todo en Argentina, a donde volvería en 1922. Su primer contacto con la

América hispana le impactó sobremanera, como no podía dejar de ser en un gran patriota como él: «alcancé, o logré, entonces —recuerda en sus *Memorias*— la más justa visión y comprensión de la grandeza de España. América, la América hispana, escuela de patriotismo, no hay duda. Porque, a mi ver, el valor de España sube, se eleva a lo más alto, en o desde *nuestra* América, obra de los españoles de España»[40].

Europeísmo e hispanoamericanismo se funden, así, en Posada, como en la mejor tradición liberal española.

Entre el primer y el segundo viaje a la América de lengua española, Posada asistió en Washington, en representación de España, a la Conferencia Internacional del Trabajo, celebrada en 1913.

En 1920 —sin dejar su Cátedra de doctorado en Derecho Municipal Comparado— accedió a la Cátedra de Derecho Político de la Universidad Central, que había dejado vacante Santamaría de Paredes. Con ello confiesa Posada que se había realizado su sueño. «Desempeñar esa cátedra de la Universidad Central fue una ambición —un anhelo— que hasta entonces no había logrado satisfacer»[41].

A resultas del golpe militar de Primo de Rivera, en septiembre de 1923, Posada dimitió de los cargos que entonces ocupaba en el Instituto Nacional de Previsión y en el Consejo de Instrucción Pública, concentrándose en su Cátedra universitaria. En 1929 no dudará en elevar una protesta individual al Gobierno de la Dictadura por su política universitaria represiva, entre cuyas víctimas se encontraban Miguel de Unamuno, castigado con el destierro, así como José Ortega y Gasset, Luis Jiménez de Asúa y Fernando de los Ríos, que se vieron obligados a renunciar a sus cátedras[42]. En 1930 publica *El Régimen Constitucional. Esencia y formas. Principios y técnica* y al año siguiente *Hacia un nuevo Derecho Político* y *La Reforma Constitucional*, este último sobre un asunto de candente actualidad entonces.

4. La jubilación, el exilio, la muerte

A los pocos días de proclamarse la II República, Posada se jubiló como catedrático —él confesará en sus *Memorias* que lo jubilaron de forma «precipitada»[43]— pero el claustro de la Facultad de Derecho de la Universidad Central acordó por unanimidad designarle Decano, así como crear en su honor el «Instituto González Posada de Derecho Público».

En realidad, Posada se vio desbordado por el nuevo ambiente político, como le ocurrió a Melquíades Álvarez y a otros antiguos militantes del Partido Reformista, que se disolvió poco después de asentarse el régimen republicano.

Aunque Posada aceptó el encargo de formar parte de una Comisión Jurídica Asesora encargada de elaborar un anteproyecto de Constitución —muchas de cuyas propuestas no prosperaron, como en lo que atañe a la estructura de las Cortes, a la elección del Presidente de la República, a las relaciones entre la Iglesia y el Estado y al estatus de la propiedad privada— el veterano catedrático volvió a centrar casi todas sus energías, que seguían siendo muchas, pese a su ya avanzada edad, en el Instituto de Derecho Público que llevaba su nombre, sin que ello le impidiese escribir varios libros más. Entre ellos *La Nouvelle Constitution espagnole. Le régime constitutionnel en Espagne. Evolution, textes, comentaires*[44], escrito cuando ya había sobrepasado los setenta y un años de edad e inmediatamente después de que el nuevo texto constitucional español entrase en vigor.

Si bien el propósito primordial de este libro era examinar la Constitución republicana, es preciso tener en cuenta que en él —como se indica en el propio título— se analiza también la evolución histórica del constitucionalismo español, a la que dedica poco menos de la mitad de sus páginas. En realidad, incluso cuando comenta la nueva Constitución, Posada hace continuas referencias a la historia constitucional española —que, por cierto, nunca había sido objeto preferente de su labor investigadora[45]— pues, como señala en este libro, «ni el advenimiento» de la nueva Constitución republicana, «ni la significación del acto con el que se pretende darle forma jurídica pueden comprenderse y explicarse si se les considera al margen de sus lazos históricos»[46]. Posada reconoce que el advenimiento pacífico de la República suponía: «la aniquilación en el Estado *oficial* de los *obstáculos tradicionales* y la más decidida tentativa que se haya operado en España de instaurar un régimen constitucional sin la oposición de las inclinaciones dinásticas, del predominio del sentimiento y del interés *confesionales* de la Iglesia y de la tara del autoritarismo militar: todo esto tras más de un siglo de fracasos».

Sin embargo, no dejaba de advertir a continuación de los peligros que acechaban a la hora de elaborar una nueva Constitución, sobre todo por

«la amenaza siempre de un desbordamiento de democracia igualitaria, que puede llevar a lo que Giner (de los Ríos) llamaba «el despotismo de la libertad», impío, sacrílego, que por desgracia no bajó a la tumba con Robespierre»[47].

En una de las páginas más lúcidas de este libro —sin duda muy interesante para calibrar no sólo la actitud de Posada sobre la nueva Constitución, sino también para conocer algunos detalles de interés sobre la elaboración de este texto— el ya anciano catedrático asturiano pone de relieve que los Constituyentes de 1931 tuvieron que hacer frente a los graves problemas políticos y sociales que la monarquía constitucional no había sido capaz de resolver y que la Dictadura había agravado, como el problema de la propiedad de la tierra, la cuestión religiosa y la organización territorial del Estado. Y tuvieron que hacerlo, además, «bajo la influencia de las grandes transformaciones políticas y sociales de la post-guerra». El peligro se encontraba —como de hecho ha ocurrido— (añade Posada) en que para responder a estos problemas se incurriese en un «brutal» y «doloroso revanchismo», explicable, pero no justificado, por la secular injusticia social, que afectaba a la mayoría de la población, por «la desconsiderada forma» con que la Iglesia católica había «disfrutado de sus privilegios», y por el «espíritu mezquino de la centralización administrativa» iniciada en Cádiz[48].

En cualquier caso, Posada reconoce que el proceso político abierto el 14 de abril del 31 «debía continuar la historia de España», pero no la de Cánovas, ni la de la Primera República. Desde un punto de vista estrictamente constitucional, ello significaba que la nueva Constitución no podía «enlazar» con la de 1876» ni tampoco «resucitar» la de 1869[49]. Más bien debía tener como punto de referencia los textos constitucionales extranjeros más recientes, nacidos durante o tras el fin de la Primera Guerra Mundial. Unos textos que el propio Posada se había encargado de dar a conocer, a veces con la ayuda de su joven discípulo Nicolás Pérez Serrano, con quien había editado en 1927 un libro titulado «Constituciones de Europa y América»[50], en el que se recogían y comentaban, entre otras muchas, la mexicana de 1917, la alemana de 1919 —la llamada Constitución de Weimar—, la austriaca de 1920 y la checoslovaca de ese mismo año, que fueron las Constituciones que sirvieron de modelo a los constituyentes de 1931, sobre todo la alemana y la austríaca, en cuyo alumbramiento habían desempeñado un descollante papel Hugo Preuss y Hans Kelsen, respectivamente. Dos juristas bien conocidos —aunque este último no aceptado por entero, ni mucho menos— por sus colegas españoles, empapados de cultura germánica, como el propio Posada, maestro de buena parte de ellos.

El juicio de Posada sobre la nueva Constitución española era en general positivo, aunque no exento de muchos matices. Justo antes de concluir su libro, insiste, además, en que en aquel entonces la Constitución era sólo

> «un signo de interrogación en la historia de un pueblo. El tiempo dirá... Como toda Constitución escrita sólo es un proyecto sobre el papel... el problema abierto, misterio del futuro, es el de saber si la nueva Constitución representa el esfuerzo o el impulso inicial apropiado para dar satisfacción al deseo del pueblo español de establecer un régimen jurídico de libertades y vivirlo... Toda apreciación crítica del conjunto de la Constitución sería sin duda precipitada, en tanto no funcione total y normalmente su mecanismo desde el *motor* electoral, y sus recursos, frenos y contrafrenos...
>
> !Ah¡ y el espíritu, en todo y sobre todo»

Después de escribir su libro sobre la Constitución de 1931, Posada siguió dedicándose a sus actividades académicas en el mencionado Instituto de Derecho Público que llevaba su nombre. De su refugio académico intentó sacarle Niceto Alcalá Zamora el 7 de octubre de 1933 —año en que publica un nuevo libro: *El Derecho Político como espectáculo, Cincuenta años de Cátedra*[51]— cuando le ofreció presidir el Consejo de Ministros, tras la dimisión de Alejandro Lerroux. Pero Posada declinó la oferta del Presidente de la República —como antes habían hecho Sánchez Román, Manuel Pedregal y Gregorio Marañón— que finalmente aceptó Diego Martínez Barrio, que es quien lo cuenta en sus *Memorias*[52].

En 1934 publica Posada un nuevo libro, *La Crisis del Estado y el Derecho* Político, mientras que al año siguiente aparece la quinta edición, la última en vida de su autor, del *Tratado de Derecho Político*, en la que dedica tan sólo veinte páginas a la Constitución de 1931[53].

Ese mismo año de 1935 aceptó presidir el Instituto Nacional de Previsión, cargo del que le destituyó al año siguiente el Gobierno del Frente Popular, al igual que del Decanato de la Facultad de Derecho de la Universidad de Madrid. «Causa *académica* de mi destitución —escribe Posada, con irónica cursiva en sus *Memorias*—: que yo no pertenecía al Frente Popular»[54].

En esta misma obra, Posada recuerda que «en el otoño trágico de 1936» su «hogar de Madrid fue arrasado», muchos de sus libros «convertidos en ladrillos de trincheras», y «destrozados, quemados o embarrizados» los papeles que había ido almacenando para escribir sus memorias[55]. No sorprende, pues, que con estos hechos —junto a otros más trágicos, como el asesinato en agosto de ese año de Melquíades Álvarez, encarcelado en la madrileña cárcel Modelo— Posada decidiese exiliarse en San Juan de Luz, cuando era un anciano de 76 años. Allí permaneció hasta 1939. Ese año decidió regresar a Madrid, rehusando los ofrecimientos que le hicieron para asentarse en la Argentina. En la capital de España murió el 8 de julio de 1944.

Notas

[1] *Fragmentos de mis Memorias, Prólogo* de E. ALARCOS, Servicio de Publicaciones de la Universidad de Oviedo, Oviedo, 1983, págs. 68 y 75. Se refiere POSADA a los *Elementos de Derecho Político y Administrativo de España*, cuya primera edición es de 1858. Me ocupo del lugar de COLMEIRO en el Derecho Político español en *¿Qué ocurrió con la ciencia del Derecho Constitucional en la España del siglo XIX?,* que recojo en mi libro *Política y Constitución en España, 1808-1978,* CEPC, Madrid, 2007, *prólogo* de F. RUBIO LLORENTE. Este libro lo ha reeditado el CEPC en 2014.

[2] *Fragmentos de mis Memorias, op. cit*, págs. 76-77.

[3] *Cfr. ibidem*, pág. 79.

[4] Me extiendo sobre este influjo, muy en particular en lo que atañe al Derecho Político, en *El Derecho Político en Adolfo Posada,* que incluí en mi libro *Asturianos en la política española. Pensamiento y Acción*, KRK ediciones, Oviedo, 2006. Para ello tengo muy en cuenta, aparte de las propias fuentes originarias, los estudios del propio Posada, así como los de J.J. GIL CREMADES, E. DÍAZ y J.A. PORTERO MOLINA.

[5] *Fragmentos de mis Memorias, op. cit*, pág. 131.

[6] *Ibidem,* pág. 139. Esta tesis se publicó en 1881 en la «Revista de Legislación», de la editorial Reus.

[7] *Ibidem, pág.* 139.

[8] Sobre la Institución Libre de Enseñanza durante estos años, *vid.* el clásico estudio de V. CACHO VIU, *La Institución Libre de Enseñanza. Orígenes y etapa universitaria (1860-1881)*, Rialp, Madrid, 1962.

[9] *Fragmentos de mis Memorias, op. cit.* pág. 147.

[10] *Ibidem,* pág. 147.

[11] *Breve historia del krausismo español,* Servicio de Publicaciones de la Universidad de Oviedo, 1981, págs. 85-86. Al influjo de este *Curso* volverá a aludir POSADA en *El Derecho político como espectáculo. Cincuenta años de Cátedra*, Tipografía de Archivos, Madrid, 1933, pág. 9.

[12] *Fragmentos de mis Memorias, op. cit.* pág. 148.

[13] *Ibidem*, pág. 321.

[14] *Ibidem,* pág. 312.

[15] *Cfr. ibidem*, pág. 166.

[16] POSADA recuerda la denominación de COSTA en sus *Memorias, op. cit.* pág. 178.

[17] *Cfr. Fragmentos de mis Memorias, op. cit*, págs. 148-9 y 227. Sin embargo, en el *Prólogo* de este libro Posada no menciona a GINER y sí, en cambio, a MACAULAY y a TAINE, a quienes se lo dedica. *Cfr. Prólogo* a *Principios de Derecho Político. Introducción*, Imprenta de la Revista de Legislación, Madrid, 1884.

[18] *Cfr. Fragmentos de mis Memorias, op. cit.* pág. 227.

[19] *Principios... op. cit.* pág. 184.

[20] Este libro lo reeditó la Junta General del Principado de Asturias en 1996, dentro de su colección «Clásicos Asturianos del Pensamiento Político», con un interesante y extenso *Estudio Preliminar de* F. RUBIO LLORENTE.

[21] A. POSADA, *Tratado de Derecho Político*, Librería de Victoriano Suárez, Madrid, 1893-1894. La «Guía» se agotó rápidamente, pero no volvió a imprimirse, al quedar insatisfecho su autor, *cfr. Fragmentos de mis Memorias, op. cit.* pág. 277.

[22] *Cfr.* V. SANTAMARÍA DE PAREDES, *Curso de Derecho Político*, 1ª edición, Valencia, 1880-1881. Sobre este Curso me extiendo en mi citado trabajo *¿Qué ocurrió con la ciencia del Derecho Constitucional...?* y, por supuesto, en la semblanza de Santamaría incluida en el presente libro.

[23] *Tratado de Derecho Político,* t. 1, Madrid, 1935, pág. 54.

[24] *Tratado*, t. I, Madrid, 1893, pág. 7.

[25] *El Derecho Político en Adolfo Posada*, *op. cit.* A la hora de delimitar los conceptos de Derecho Político, Derecho, sociedad, Estado y Constitución sustentados por Posada, tengo muy en cuenta, además de lo dicho por RUBIO LLORENTE en su ya citado *Estudio preliminar*, la monografía de F. J. LAPORTA, *Adolfo Posada: política y sociología en la crisis del liberalismo español*, Editorial Cuadernos para el Diálogo, Madrid, 1974, pág. 88. Junto a una biografía de POSADA y a un repertorio de sus muchas obras (págs. 13-85 y 344-352, respectivamente), este libro sigue conteniendo todavía hoy la más completa exposición del pensamiento político y social del Catedrático asturiano, al que LAPORTA califica como «el teórico krausista del Estado por excelencia», pág. 88.

[26] Me ocupo de ello en *La Constitución de 1876*, Iustel, 2009, volumen VII de la colección «Las Constituciones Españolas», dirigida por Miguel Artola.

[27] *¿Qué ocurrió con la ciencia del Derecho Constitucional en la España del siglo XIX?, op. cit.* Vuelvo sobre ello en *Constitución, Estado y derechos fundamentales en España desde la Restauración canovista hasta la actualidad*, que se encuentra recogido también en mi citado libro *Política y Constitución en España.*

[28] *Cfr.* A. GALLEGO ANABITARTE, *Las asignaturas de Derecho Político y Administrativo: el destino del Derecho Público español,* «Revista de Administración Pública», nº 100-102, vol. I, enero-diciembre, 1983, pág. 781. Esta «desnacionalización» trataría de justificarla, en 1932, N. PÉREZ SERRANO, el más importante discípulo de POSADA y su sucesor en su Cátedra madrileña, por haber vivido España hasta entonces «en un período de asimilación de instituciones extranjeras, de examen de otras técnicas, de copia incluso de investigadores que se nos adelantaban en otros países. A ello contribuía nuestro doloroso retraso con respecto a las corrientes científicas del mundo..., *Estudio acerca del concepto, método, fuentes y programas del Derecho Político Español comparado con el extranjero*, en *Escritos de Derecho Político,* Instituto de Estudios de Administración Local, Madrid, 1984, Vol. I, págs. 33-4.

[29] A. POSADA, *Fragmentos de mis Memorias, op. cit*, pág. 277.

[30] Sobre la Universidad de Oviedo durante la época en que Posada fue catedrático, *vid.* tres trabajos de S. MELÓN FERNÁNDEZ, *Un capítulo en la historia de la Universidad de Oviedo, La Extensión Universitaria: antecedentes y características* y *El conflicto universitario de 1884 en la Universidad de Oviedo,* recogidos en *Estudios sobre la Universidad de Oviedo*, Oviedo, 1998, págs. 17-85, 86-114 y 175-204, respectivamente. *Vid.* asimismo, el más reciente trabajo de G. CAPELLÁN DE MIGUEL, *Intelectuales, Universidad y Opinión Pública. El Grupo de Oviedo*, «Historia y Política», nº 8, Madrid, noviembre de 2002.

[31] *Fragmentos de mis Memorias, op. cit.* pág. 182.

[32] Entre las muchas traducciones que POSADA llevó a cabo, aunque no ciertamente la más lograda, se encuentra la que hizo en 1902 de la obra de W. BAGEHOT *The English Constitution*, que ha reeditado el CEPC, con un extenso *Estudio preliminar* a mi cargo, en cuyo último apartado examino la huella de la obra del ensayista inglés en España desde la revolución de 1868 hasta la II República, también, por supuesto, en el propio Posada.

[33] Sobre la política americanista de la Universidad de Oviedo, *vid.* dos trabajos de S. MELÓN FERNÁNDEZ, *El viaje a América del profesor Altamira* y *Las grandes etapas del hispano-americanismo*, ambos en *Estudios sobre la Universidad de Oviedo, op. cit.* págs. 115-173 y 207-227, respectivamente.

[34] *Fragmentos de mis Memorias, op. cit.* pág. 281. «Era urgentísimo —escribe más adelante— romper con la tradición o manía abstencionista del partido liberal español, que se caía de viejo, y lanzarse resueltamente al intervencionismo del Estado, dándole al liberalismo la sustancia social de que carecía...», *ibidem*, pág. 293.

[35] Sobre el Instituto de Trabajo, *vid.* A. BUYLLA, A. POSADA y L. MOROTE, *El Instituto del Trabajo. Datos para la historia de la reforma social en España*, con un *Discurso Preliminar* de J. CANALEJAS Y MÉNDEZ y una *Memoria* acerca de los Institutos de Trabajo en el extranjero por J. UÑA Y SARTHOU, Madrid, 1902, edicición facsímil de 1986 a cargo del Ministerio de Trabajo y Seguridad Social, con un *Prólogo* de S. CASTILLO.

[36] CANALEJAS, escribe Posada, llegó a ser «uno de mis más cordiales e íntimos amigos», *Fragmentos de mis Memorias, op. cit.* págs. 119. «Fue Canalejas —añade— el político español con quien tuve mayor intimidad y de quien he recibido mayores y más patentes pruebas de estimación, afecto y confianza... *Cfr. Ibidem,* pág. 291. Una interesante semblanza biográfico-política de CANALEJAS puede verse en J. MORENO LUZÓN, *José Canalejas. La democracia, el Estado y la nación*, incluido en el libro, coordinador por este autor, *Progresistas*, Taurus, Madrid, 2006, págs. 161-193.

[37] *Cfr. Fragmentos de mis Memorias, op. cit.* pág. 298.

[38] Sobre la labor del Instituto de Reformas Sociales *vid.* A. MARTÍN VALVERDE, *La Formación del Derecho del Trabajo en España,* Estudio Preliminar a *La Legislación Social en la Historia de España. De La Revolución Liberal a 1936*, Publicaciones del Congreso de los Diputados, Madrid, 1987, págs. XLVIII-LXXVII.

[39] *Cfr.* LAPORTA, *op. cit.* pp 72-73.

[40] *Fragmentos de mis Memorias, op. cit.* pág. 344.

[41] *Ibidem*, pág. 345.

[42] *Cfr.* LAPORTA, *op. cit.* págs. 79-80.

[43] *Fragmentos de mis Memorias, op. cit.* pág. 177.

[44] Sirey, Paris, 1932. El libro venía precedido de un *prefacio* a cargo de dos prestigiosos constitucionalistas franceses, J. BARTHÉLEMY y B. MIRKINE-GUETZÉVICHT, miembros correspondientes de la Academia española de Ciencias Morales y Políticas.

[45] Lo que no fue óbice para que le dedicase algún trabajo, como la introducción a los, hasta entonces inéditos, *Principios de la Moral, la Política y la Legislación*, que su paisano F. MARTÍNEZ MARINA había escrito durante la «década ominosa» y que vieron la luz por primera vez en 1933, editados por la Academia de Ciencias Morales y Políticas. Esta obra, con la introducción de Posada, se reeditaría en 1993 en el marco de la mencionada colección de «Clasicos Asturianos del Pensamiento Político», con un largo *Estudio preliminar* a mi cargo.

[46] A. POSADA, *La nueva Constitución española. El régimen constitucional en España. Evolución, textos, comentarios*, INAP, Madrid, 2006, pág. 125. Las cursivas son de Posada. Para esta edición bilingüe escribí un *Estudio Preliminar*, titulado «Adolfo Posada y la Constitución Española de 1931».

[47] *Ibidem*, págs. 126-7.

[48] *Ibidem,* pág. 63.

[49] *Ibidem*, pág. 64.

[50] Librería General de Victoriano Suárez, Madrid, 1927, 2 vol.

[51] Tipografía de Archivos, Madrid, 1933.

[52] Planeta, Barcelona, 1982, pág. 200.

[53] *Cfr. Tratado de Derecho Político*, 5ª edición revisada, Librería General de Victoriano Suárez, Madrid, 1935, tomo segundo, págs. 308-328. Es muy probable que a POSADA no le gustase mucho la forma en que los políticos republicanos aplicación la Constitución de 1931, pero en cualquier caso la escasa atención que le prestó se explica tanto por su ya comentada concepción del Derecho Político, como por su hincapié en el estudio de las doctrinas, de las Constituciones y de las instituciones extranjeras en vez de en las españolas.

[54] *Fragmentos de mis Memorias, op. cit.* pág. 178.

[55] *Ibidem,* pág. 320.

FERNANDO DE LOS RÍOS (1879-1949). LA CONCEPCIÓN DEL ESTADO Y DE LA DEMOCRACIA DE UN SOCIALISTA HUMANISTA

Gregorio Cámara Villar

1. Un destacado exponente de la «Generación del 14»

Fernando de los Ríos fue un gran hombre; no de los atribuidos, sino de aquellos que cabe calificar de verdaderamente tales, adoptando la clarividente distinción de Pessoa[1]. Sin duda fue uno de los más brillantes teóricos socialistas españoles y un relevante político, coherente con sus concepciones y comprometido al extremo con su época, durante la que llegó a desarrollar en las condiciones más adversas una importante obra política en la II República. También lo es su obra escrita como pensador y Catedrático de Derecho Político, profundamente trabada con su quehacer e inquietudes en la vida pública. Ambas reflejan las complejas y duras vivencias del tiempo tan difícil que le tocó vivir, en el que se produjeron grandes transiciones en el mundo del pensamiento y de la política.

La obra intelectual y académica que desarrolló es la de un constitucionalista de entreguerras que asiste al declive y transformación del Estado liberal y que, alejado del positivismo jurídico, apunta en su concepción, fundamentalmente, a los fines sociales que el Estado ha de cumplir para superar el liberalismo y sus contradicciones en el marco de la progresiva normativización, democratización y socialización que venía experimentando el Derecho constitucional, conforme a la caracterización que realizara Adolfo Posada[2]. También, sin solución de continuidad, es la obra de un socialista que partiendo de su formación filosófica krausista y neokantiana llega a sustentar sus posiciones en una concepción humanista del socialismo democrático; y la de un profesor e intelectual socialista muy marcado, además, por la historia y el presente de su país, económica y socialmente muy menesteroso, sumido en una permanente y profunda crisis política y con una sociedad dramáticamente dividida por profundas líneas de fractura sociales, políticas e ideológicas.

Como para los demás miembros destacados de su generación, un rasgo sustancial en la biografía de Fernando de los Ríos es su constatación temprana del alejamiento de España de Europa, del desfase o asincronía existente entre la evolución de nuestro país y la de la Europa occidental desde, al menos, 1814. La visión que destila aquella generación hipercrítica con el pasado y con el presente de la España de entonces era que el liberalismo político, ciertamente muy activo en determinados periodos, se había venido articulando muy débilmente, sin continuidad y sin la base de una burguesía consciente y emprendedora que lo sustentara. Como dijera De los Ríos ante las Cortes Constituyentes de 1931, «Nosotros hemos sido los más altos representantes de la idea del Estado-Poder; y si hemos sido creadores de la palabra «liberal», no hemos sido, desgraciadamente, simbolizadores de un Estado liberal»[3]. De ahí la extrema debilidad política del país en un momento en el que hacía acto de presencia con toda su potencia el pluralismo social y político. Partiendo de una largamente heredada situación de atraso social y económico, las masas populares irrumpen en la sociedad y en la política, dando paso a un enfrentamiento cada vez más marcado entre las clases sociales, lo que demandaba una solución al encaje de los movimientos obreros entonces nacientes dentro del conjunto político nacional, con las consecuencias de todo orden que de ello se derivaban, fundamentalmente en los planos jurídico-social y político-constitucional. El cambio del pensamiento político tras un cierto desconcierto ideológico de una intelectualidad vitalista y la aparición en escena de unas cada vez más pujantes corrientes reformistas, social-liberales y socialistas, no son sino elementos que claramente atestiguaban la quiebra de la vieja política articulada en torno al dogma del Estado liberal.

Tras la catarsis provocada por los acontecimientos de 1898 y una vez producida la intensificación de la preocupación por los problemas y la situación de la patria a la que dio curso la literatura «del Desastre»[4], esta generación o, al menos, buena parte de ella, reaccionó considerando que era necesario dejar de seguir condoliéndose y de perseguir míticamente el ser de España, rechazar la espera en un resurgir azaroso de la mano de cualquier genio, hombre fuerte o mesiánico salvador —el «cirujano de hierro» costista—, y abandonar el escepticismo sobre las capacidades y posibilidades del país. Había que poner manos a la obra y, sin renunciar a nuestras más positivas tradiciones, apartar la mente tanto del mixtificado glorioso pasado nacional y su negativo —la decadencia que culmina en el Desastre—, como del casticismo. De esta manera, mirando al futuro, había que buscar precisamente la sincronía con Europa (aunque esta referencia inevitablemente se devaluara como consecuencia de la guerra mundial). En la postura y en el pensamiento de Ortega, líder intelectual de esta generación, se refleja en definitiva, como ha destacado Beneyto, la ambición por «establecer la síntesis entre el regeneracionismo y los noventayochistas...Se trata de superar lo heredado, integrándolo de manera renovada»[5].

El acompasamiento al ser de Europa solo sería posible alcanzarlo bajo la condición de que se profundizara en un imprescindible camino: en sintonía con los plurales planteamientos de los regeneracionistas del 98, que ponían la mira y el remedio en «la escuela y la despensa», la nueva generación apuntaba más alto, a la cultura y a la ciencia, por entender que aquello que los regeneracionistas perseguían solo podría convertirse en realidad si las minorías intelectuales y directoras asumían su responsabilidad en este cometido. Esta generación, «la primera generación intelectual española deliberadamente política»[6], aparece así claramente impregnada de los planteamientos de la Institución Libre de Enseñanza, y se apresta a esta tarea.

De los Ríos participa intensamente, con esta visión y en esta atmósfera emocional, como miembro particularmente activo de la *intelligentsia* de la época. Pudiera decirse que si para Giner y Costa la búsqueda de solución al problema de España estaba predominantemente en la escuela, para Ortega en la ciencia y en la Universidad, y para Azaña en el Estado en tanto que nada podría hacerse fuera del marco de juego político de un Estado democráticamente constituido, el planteamiento de Fernando de los Ríos parte de la confluencia de estas perspectivas, cuyo fondo común es innegable y que por ello asume desde el principio de su trayectoria política. Su cercanía al enfoque del problema de España que hacía Azaña, en contraste con los escritores de la generación del 98, es particularmente clara, pues también para él consistía prioritariamente en un problema político, en una cuestión de democracia —a lo que no habían llegado los hombres del 98, porque lo suyo fue ante todo una reacción moral e individualista que apelaba igualmente a las conciencias y al pueblo, no tanto a la construcción del Estado—[7]. Su compromiso político principió por situarle en el ámbito del reformismo, si bien con una fuerte orientación hacia el socialismo, que se fue acrecentando rápidamente. Se situó en el plano de un socialismo no marxista en la medida en que se tuviera como determinista, porque revindicaba la libertad, el Estado de derecho, el valor del ideal y la utopía, centrales en su pensamiento. Humanismo, socialismo y democracia se funden en su obra, en tanto que el socialismo humanista es para De los Ríos la más plena y auténtica realización de la democracia. El socialismo de Fernando de los Ríos era, en definitiva, un socialismo humanista que buscaba la implicación ética de la persona, del ciudadano libre, consciente e imbuido de ideales comunitarios. Con estas características se trataba de un socialismo todavía adelantado a su época por ser difícilmente asumible en las circunstancias económicas, sociales y políticas de la sociedad del momento, afincada en la lucha de clases por la radical injusticia de un nudo capitalismo productor de grandes desigualdades sociales. Su concepción, por ello, le distanciaría del «aparato» del Partido y le ocasionaría tanto incomprensiones y recelos como una cierta crisis personal emocional en un partido cada vez más radicalizado a la altura del punto de no retorno de 1936[8].

2. Apunte biográfico[9]

Fernando de los Ríos (Ronda, 1879-New York, 1949) nació en el seno de una familia de la burguesía liberal, a la que pertenecía también Francisco Giner de los Ríos. Su infancia transcurre en Ronda y Córdoba, donde estudia el bachillerato. Al finalizarlo, la familia decide que marche a Madrid, por consejo de Giner, bajo cuyo magisterio personal e intelectual quedó mientras realizaba sus estudios universitarios de Derecho y trabajaba como escribiente en la Tabacalera. Cuando tenía diecinueve años, siendo ya un joven preocupado y comprometido por su país, vivió en aquél ambiente madrileño y universitario las impresiones tan profundas que en la sociedad de la época dejara el Desastre de 1898. En 1901, con veintidós años, finalizó la carrera de Derecho y marchó a Barcelona para trabajar como inspector interino del Timbre en Tabacalera. Allí se relacionó con jóvenes (Luis de Zulueta, Bernardo Giner...) muy concienciados como él por la situación política y social de España y por el anhelo de aproximación de nuestro país a Europa. Aquellos fueron para él, como relata Virgilio Zapatero, años de muchas lecturas, de intensa formación, en los que se fue gestando su vocación universitaria.

En 1905 regresó a Madrid y asistió a las clases de doctorado de Giner. Se convirtió en uno de sus más cercanos discípulos y comenzó a trabajar como alumno-profesor de la Institución Libre de Enseñanza, simultaneando esta actividad con la elaboración de su tesis doctoral y con la preparación de oposiciones a cátedra. De los Ríos sería considerado en la Institución un especial y elegido «nieto espiritual de Giner», formando parte de su círculo más íntimo, como era el caso, entre otros, de Bernaldo de Quirós, Domingo Barnés, Álvaro de Albornoz, José Castillejo, Julián Besteiro o los hermanos Machado[10]. En aquellos tiempos conoció personalmente a Unamuno, que también le influye notablemente. Su formación y talante personal le llevaron en aquella etapa a romper con el catolicismo, optando por un cristianismo comprometido y muy personalmente entendido, que más adelante él mismo calificaría como «erasmista».

En enero de 1907 tuvo lugar la defensa de su tesis doctoral sobre «La filosofía política en Platón» ante un Tribunal del que formaban parte Gumersindo de Azcárate, Vicente Santamaría de Paredes, José Piernas Hurtado, Ismael Calvo y Manuel Martín Veña. Aquél mismo año realizó un viaje por Francia, Bélgica, Inglaterra y Suiza, en compañía de Ramón Pérez de Ayala, donde asistió a diversas actividades universitarias y conoció a eminentes filósofos y pedagogos. A su regreso solicitó una ayuda de la Junta para la Ampliación de Estudios, que se había creado en 1907, para estudiar en Alemania. Esta beca le permitió realizar estancias y estudios en las Universidades de Jena y Marburgo. Allí entró en contacto con el socialismo neokantiano (Cohen, Natorp, Vorländer) —base de su posterior evolución hacia el socialismo y de sus propias construcciones sobre el socialismo humanista— y trabó relación y amistad con otros jóvenes españoles también pensionados por la Junta, como Ortega, Besteiro, García Morente, Luzuriaga, María de Maeztu..; jóvenes que poco tiempo después serían muy conocidos por su brillante trayectoria intelectual y por su empeño en la «europeización» de España, considerados más tarde como la «Generación de 1914». Al finalizar su estancia en Alemania presentó una Memoria titulada «El fundamento científico de la Pedagogía social en Natorp».

Poco después, en 1910, preparó sus oposiciones a la Cátedra de Derecho Político Español comparado con el Extranjero de la Universidad de Granada, que ganó al año siguiente, tomando posesión de ella el 31 de marzo de 1911, cuando contaba 32 años de edad. Salvo durante los periodos de excedencia por haber sido elegido Diputado a Cortes (1919-1920 y 1923) y los empleados en estancias en centros de investigación en España y en el extranjero, en este puesto se mantuvo prestando sus servicios académicos hasta que se ausentó en noviembre de 1930 para realizar los ejercicios de oposición en Madrid a la Cátedra de Estudios Superiores de Ciencia Política y Derecho Político de aquella Universidad, que obtuvo, y de la que tomó posesión el 11 de diciembre de ese mismo año[11].

Este periodo de la vida de Fernando de los Ríos como Catedrático de Derecho Político de la Universidad de Granada se desarrolla durante 19 años, a lo largo de los cuales se va forjando su compromiso político cada vez más intenso junto con una muy definida vocación intelectual. En la cátedra granadina, pese a que su primera formación fue más filosófica y culturalista, como era propio de la época, y a que —como nos recuerda Luis Jiménez de Asúa[12]—, su disciplina favorita era la Filosofía del Derecho, cultivaría el Derecho político (en dialéctica con su cada vez más intensa dedicación política) desde una perspectiva enciclopédica y sobre bases krausistas y socialistas. Su figura destacaba en la Facultad de Derecho, donde introdujo nuevos métodos docentes en un ambiente que venía siendo muy tradicional y rutinario. Francisco García Lorca se refiere a la nueva actitud y a los nuevos modos de vida que en él aprecian los estudiantes y que es muy favorablemente valorado en ciertos ambientes culturales y sociales de la ciudad, donde fue considerado un maestro cuya acción «se dejó sentir ...como miembro activo de las sociedades culturales»[13]. Desde la atalaya de una Universidad adocenada y donde brillaban solo algunas individualidades, buscó trascender sus límites y, así, trabó intenso contacto con los medios intelectuales y obreros de la ciudad. En su domicilio del Paseo del Salón se reunía, entre otros, con Jerónimo Vida, Alejandro Otero, Agustín Viñuales, con sus alumnos Fernández Almagro, Antonio Luna, Alfonso García Valdecasas, Joaquín García Labella, y mantenía relación constante con Falla, Federico García Lorca, Zuloaga...; y, desde del Centro Artístico, con todos quienes animaban entonces de manera más significativa la vida cultural granadina[14].

En 1913 hace su entrada en política como uno de los firmantes del Manifiesto fundacional de la Liga para la Educación Política, junto con Ortega y Gasset y Manuel Azaña, Américo Castro, Madariaga, Pérez de Ayala, Gabriel Gancedo, Constancio Bernaldo de Quirós, Agustín Viñuales..., cuyo objetivo central era el de «fomentar la organización de una minoría encargada de la educación política de las masas». Por estas razones sería, además, un relativamente asiduo colaborador de la Revista *España* y del diario *El Sol* en los años siguientes. Es en esta época cuando comienza a estrechar sus relaciones con los socialistas. A través de la Extensión Universitaria llegó a entrar en contacto con el obrerismo provincial, impartiendo conferencias por los pueblos de La Vega granadina. Según figura en su expediente académico, el 17 de octubre de 1917 la Junta de la Facultad de Derecho tomó el acuerdo, por unanimidad, de destacar y proponer los trabajos realizados por Fernando de los Ríos en extensión universitaria y publicaciones científicas a los efectos de lo dispuesto en el Real Decreto de 6 de septiembre de 1908 y de la Real Orden de 13 de junio de 1911. Se destacan así, entre otros, sus trabajos durante el curso anterior en favor de la cultura general y especialmente de la enseñanza de la clase obrera. De manera singular se menciona el haber sido fundador de la Cooperativa obrera de la Panadería («La Emancipación»), así como el hecho de haber desarrollado una larga acción en los elementos directivos de los sindicatos y haber efectuado explicaciones detalladas de infinidad de cuestiones de Economía social.

Desde sus posturas iniciales social-liberales y reformistas va estrechando lazos con el socialismo y desarrollando sus ideas sobre las conexiones entre liberalismo y socialismo a partir del fundamento de que la democracia política exige inexcusablemente la democracia económica. Desengañado del movimiento reformista ante los acontecimientos de 1917, en 1918 se presentó a las elecciones a Cortes por el distrito de Granada, como candidato representante del llamado «Frente Anticaciquil». No resultó elegido. Vuelve a concurrir como candidato a las elecciones de 1919, ya claramente comprometido con el socialismo, aunque se presentó con el carácter de «sociólogo». En esta ocasión obtuvo acta de Diputado por Granada. En mayo de 1919 ingresa en el PSOE. Tras disolverse las Cortes en el verano de 1920, solicita que se de por finalizada su excedencia académica[15].

En el otoño de ese mismo año realiza su viaje a Rusia como delegado del PSOE a efectuar el ingreso en la III Internacional según las condiciones decididas en el Congreso Extraordinario del PSOE, celebrado en Junio, y estudiar sobre el terreno la situación en aquél país y traer cuantas impresiones fuesen necesarias al Partido para valorarla. Fruto de este viaje sería su famosa y excelente obra «Mi viaje a la Rusia sovietista», trabajo de honda penetración sobre las carencias del socialismo bolchevique. Al regreso de este viaje se restituye al servicio académico. En febrero de 1921, tras ser informado por la Real Academia de Ciencias Morales y Políticas, se declara de mérito en la carrera del profesor De los Ríos su traducción y prólogo de la obra de Jellinek «Teoría general del Estado», así como su libro «Vida e instituciones del pueblo de Andorra. Una supervivencia señorial». De «servicio de alta estimación para nuestra cultura nacional» es calificado otro de sus libros «La Filosofía del Derecho en Don Francisco Giner y su relación con el pensamiento contemporáneo».

En 1923 vuelve a ser elegido Diputado. Disueltas las Cortes tras el golpe de Estado primorriverista, se reincorpora otra vez al servicio académico en septiembre de ese año. Poco después, en 1924, se le instruye expediente por Real Orden de la Presidencia del Directorio Militar por haberse solidarizado con D. Miguel de Unamuno ante las medidas adoptadas contra éste, que califica de «arbitrarias» en escrito remitido directamente, manuscrito y por telegrama, al mismo General Primo de Rivera. Unamuno había sido procesado por desacato a raíz de una conferencia de Rodrigo Soriano en el Ateneo madrileño (que se clausuró) sobre el asunto de las responsabilidades y fue desterrado a Fuerteventura. En el telegrama, De los Ríos protesta contra «el poder (que) puede impedir el ejercicio de derechos que son patrimonio universal de la cultura, pero jamás conseguirá acallar la protesta contra ese su proceder, mientras se mantenga viva la conciencia de la dignidad de la persona».

En 1926 dirige una carta al Presidente del Consejo de Ministros reproduciendo una protesta semejante contra la resolución «ilegal y arbitraria» adoptada contra Luis Jiménez de Asúa, que fue separado de su Cátedra como consecuencia de haber protestado por la concesión de la cátedra de Unamuno a un nuevo opositor. En ella dice, entre otras cosas, lo siguiente: «Mal puede desentenderse de la violencia contra el derecho quien consagra su vida por vocación y profesión a exaltar el respeto que se le debe; y mal podría rehuir redactar esta protesta quien nunca considera excesivo el riesgo que puede existir al defender las ideas de que se alimenta un íntimo y fervoroso sentimiento del honor y del ideal. La arbitrariedad, Excmo. Sr., no por su reiteración ahoga la repulsa en toda conciencia sensible a la justicia, ya que la dictadura o conversión del criterio y voluntad individual del gobernante en fuente exclusiva de las obligaciones para los gobernados, es un régimen que se soporta con vivo dolor pero al que jamás, jamás, presta acatamiento quien tenga una emoción siquiera sea leve del respeto que se debe a la ciudadanía por el alto valor cultural que simboliza. Recabar de todos la observancia de la Ley es, sin duda alguna, un deber imperativo en el gobernante, mas cuando el poder se ejerce en dictadura, ¿cómo invocar la ley si lo que se representa es su negación?». En esta ocasión, De los Ríos fue sancionado, pero se dejó sin efecto la sanción por la amnistía concedida por la onomástica del Rey.

Fue constante en el rechazo frontal de la actitud consistente en colaborar con una situación claramente inconstitucional y antidemocrática, actitud que se advertía en algunos miembros de la Ejecutiva del PSOE. Se esforzó en conseguir del Partido la más rotunda repulsa y condena del régimen de dictadura imperante, lográndolo finalmente con el apoyo de Prieto en el Congreso extraordinario del 6 de octubre de 1927, en el que se acordó no participar en la Asamblea Nacional Proyectada por Primo de Rivera, a la que habían sido invitados, entre otros nombres de la izquierda, Fernando de los Ríos, Largo Caballero, Manuel Llaneza, Núñez Tomás, Lucio Martínez y Santiago Pérez[16].

En dos ocasiones más vuelve a mostrar esta misma digna y valiente actitud. La primera, en 1928, denunciando injusticias y arbitrariedades cometidas por el gobierno (concretamente el destierro de su compañero de Claustro Gabriel Bonilla y del inspector de enseñanza Fernando Sáinz). «Cada día, Excmo. Sr. —dice a Primo de Rivera—, se hace más irrespirable el ambiente de este país amado, donde tantas ilusiones han nacido y muerto; lo envenena la milenaria acción persecutoria de la organización clerical, hoy pujante y siempre propicia a ahogar la conciencia disidente; lo envenena con su acción delatoria la lóbrega actuación del inmenso cuerpo policíaco que ha sido lanzado sobre España; lo envenena la carencia de libertad»[17]. La segunda, en 1929, cuando la vida universitaria española estaba conmocionada y paralizada la actividad académica por las huelgas motivadas por la falta de libertades y la política universitaria del régimen que, entre otras medidas, había reducido en 1926 la autonomía de la Junta para la Ampliación de Estudios y concedido en 1928 el Estatuto Universitario a los centros docentes superiores de la Iglesia. Hubo encarcelamiento de profesores y persecución de estudiantes, cierre de Universidades, manifiestos de protesta y renuncias de profesores a sus cátedras[18]. De los Ríos se solidarizó con los sancionados y llegó a renunciar a la Cátedra por la persistencia de «la situación moral creada a Universidades y profesores, de lo que es prueba el encarcelamiento tan violento como inmotivado del Catedrático de Santiago Señor García Labella...»[19]. Quedó suspendido de empleo y sueldo. Se dispuso su cese en el Escalafón de Catedráticos de Universidades, hasta que una vez reintegrados a sus Cátedras Ortega y Gasset, Luis Jiménez de Asúa, Felipe Sánchez Román y Alfonso García Valdecasas, también lo fuera Fernando de los Ríos en 1930. En estos tiempos, tras una estancia en Iberoamérica, solicita el permiso para marchar a Madrid a realizar las oposiciones que le condujeron a la Cátedra de Estudios Superiores de Ciencia Política y Derecho Político, a la que antes nos referimos.

Suficientemente conocida es su trayectoria inmediatamente posterior. Participó en el Pacto de San Sebastián y fue miembro del Comité

Revolucionario; durante la Segunda República fue Ministro de Justicia (1931), de Instrucción Pública y Bellas Artes (1932) y de Estado (1933). Durante la guerra civil se hizo cargo de la Embajada de España en Estados Unidos y de nuevo fue Ministro de Estado del Gobierno republicano en el exilio. En 1940 aceptó la Cátedra de Derecho Político e Historia Política de Hispanoamérica y España que le fue ofrecida en la *New School for Social Research* en Nueva York, donde ejerció la investigación y la docencia durante los últimos años de su vida. Murió en Nueva York, en el exilio.

3. Elementos centrales de su obra como intelectual y profesor de Derecho Político

En una gran medida, toda obra intelectual es fruto de la propia experiencia, y la vida de Fernando de los Ríos imprime un carácter muy especial a la suya. Ha dicho F. Balaguer, con razón, que Fernando de los Ríos no es un profesor de Derecho constitucional que pudiéramos llamar *ortodoxo*[20]. Ciertamente su formación filosófica otorga a sus trabajos una intensa perspectiva que cabe calificar más como iusfilosófica y culturalista, enciclopédica, que propiamente constitucionalista en un sentido más estricto, sin perjuicio de que se ocupe constantemente de concretos problemas constitucionales en el marco de la perspectiva general de la Filosofía del Derecho y del Estado. Pero en esto no se diferencia mucho, cabe decir, de la orientación general que tienen los cultivadores del Derecho político de la época (entre otros, Mellado, Cuesta, Vico y Bravo, Santamaría de Paredes, Posada, Ferrán...) a partir de las influencias de Krause y Ahrens, que otorga una posición preeminente a la Filosofía del Derecho Político, ocupada en la especulación sobre los fines del hombre, del Derecho, de la Sociedad y del Estado[21].

De otro lado, su compromiso político, que siente como un deber inexcusable, le lleva a entrar permanentemente en el análisis de temas candentes, de actualidad, con una vocación en este caso práctica, de pedagogía social y política que, por otra parte, es una componente central y finalista de sus concepciones sobre el Estado y la política, en la línea de Cohen y Natorp, que arranca desde Fichte en el pensamiento jurídico y político alemán. Naturalmente la orientación de sus trabajos sobre los temas de actualidad es de este mismo carácter político, si bien siempre se desarrolla como una sostenida línea de fondo argumental coherente con sus opciones fundamentales por el socialismo democrático y el humanismo, pero dejando abierto en todo momento el discurso, ajena a dogmatismos. No es así extraño que se ocupe preferentemente de temas relacionados con la Teoría del Estado, de la que era un profundo conocedor en el despliegue histórico de las más importantes líneas de su desarrollo. Es, en definitiva, más un teórico del Estado que de la Constitución.

Si bien no es posible encontrar una obra sistemática de Fernando de los Ríos sobre Derecho Constitucional ni tampoco sobre Teoría del Estado, el conjunto orgánico de sus muchos escritos permite apreciar una densa y relevante preocupación en torno al Derecho, al Estado, a la Democracia y a muchos de los subtemas que integran necesariamente la investigación y el estudio en estos campos: derechos del hombre y del ciudadano, parlamentarismo, procesos electorales, partidos políticos, separación de poderes, reforma de la Constitución, historia política y constitucional, etc...; todo ello con planteamientos que están muchas veces en íntima trabazón con sus propuestas sobre la fundamentación y el sentido humanista del socialismo.

En la progresión de su producción intelectual en estos campos cabría destacar especialmente, entre sus muchos trabajos, los siguientes: su tesis doctoral sobre *La filosofía política en Platón*; los brillantes Prólogos a la *Teoría General del Estado,* de G. Jellinek (1914) y a *Los Derechos del hombre y el contrato social*, de J. del Vecchio (1914); *La Filosofía del Derecho en don Francisco Giner y su relación con el pensamiento contemporáneo* (1915); *Los plenos poderes del gobierno en tiempo de guerra* (1917 y 1918); *La crisis actual de la democracia* (1917); *El derecho electoral y la democracia* (1918); *Vida e instituciones del pueblo de Andorra. Una supervivencia señorial* (1918); *Mi viaje a la Rusia sovietista* (1921); *El sentido humanista del socialismo* (1926); *Religión y Estado en la España del Siglo XVI* (1926); *Reflexiones en torno a una posible reforma constitucional* (1927); y *¿Adónde va el Estado?*, conjunto de trabajos que, prologados por Luis Jiménez de Asúa, fueron póstumamente publicados en 1951, con este sumario: «El problema de la continuidad en la política. Las fuerzas del mal y el problema de la injusticia», «La responsabilidad de los monarcas en el moderno derecho público»; «La metodología política alemana: de Fichte a la caída de Hitler» y «La estructura metajurídica de la magistratura del monarca constitucional. Poder, Estado y Sociedad».

Junto a estos sobresalientes trabajos, De los Ríos publicó también numerosos estudios breves, la mayoría de las veces artículos de prensa o conferencias, que venían a ser lecciones de Derecho Político que «bien pudieran haberse reunido en un manual de la asignatura sistematizado en torno al Estado»[22]. Se trata en su conjunto, sin duda, de una obra importante, realizada por un profesor que tenía una gran vocación académica y que por sentido de la responsabilidad hubo de dedicarse intensamente a la política, con la lógica merma del desarrollo potencial de una obra más sistemática y vasta en el campo del Derecho Político. Como de él dijera Jiménez de Asúa, De los Ríos, que ya tenía asido de una mano el arado y de otra la espada desde mediados del segundo decenio del siglo, cuando le tocó el turno de decidir más intensamente en la primavera de 1931, prefiriendo para sí el arado de la cátedra, tuvo por sentido de la responsabilidad que empuñar el arma de combate de la política[23].

Sin embargo, realizaría importantes aportaciones al Derecho constitucional desde su posición de destacado intelectual y político que penetró en la comprensión de los cambios y tensiones a los que el Derecho constitucional estaba sometido en un periodo de grandes convulsiones sociales y políticas que afectaban críticamente al establecido Estado liberal; tensiones que anunciaban su superación mediante un progresivo proceso de democratización asociado al desarrollo del pluralismo y a la necesidad de articular normativamente la resolución de los conflictos en el plano institucional y constitucional como consecuencia de la entrada en la escena política de sectores distintos de la burguesía. Como destacara Adolfo Posada y antes mencionamos, sobre este proceso se desarrollarían simultáneamente otros dos, de normativización y de socialización, según los cuales las reivindicaciones populares van consiguiendo paulatinamente llevar a las constituciones contenidos sociales (nuevos derechos sociales y prestacionales, asociados a los de participación) y una concepción nueva sobre el sometimiento del poder del Estado a la voluntad mayoritaria del pueblo, deshaciendo su escisión con la sociedad y determinando su necesaria orientación intervencionista para impulsar la resolución de los problemas de la vida social y conseguir la continuidad y el desarrollo.

Fernando de los Ríos está plenamente inmerso en esa corriente y encrucijada, y es muy consciente, así, de cual es la antinomia política de su tiempo: «La transformación política más honda que se ha operado en la segunda mitad del pasado siglo y comienzos del presente —dice— ha sido la relativa a los fines del Estado, esto es, a su justificación; a consecuencia de ello, la actitud actual de éste ante los conflictos sociales es enteramente otra. En nombre del fin supremo del Estado, la justicia, se ha exigido que intervenga en la polémica de los intereses de los grupos sociales y que recabe para sí la gestión y administración de servicios que antes no le estaban encomendados. De aquí ha nacido el concepto de servicio público, concepto que estaba definido por la naturaleza del fin que le hizo nacer, a saber: asegurar a la sociedad la continuidad del funcionamiento de un servicio que aquella estima indispensable para su vida»[24].

Desde esta perspectiva general, De los Ríos, buen conocedor de las tendencias científicas de su época, adopta una muy definida posición metodológica fundamental. Inscribiéndose en una misma línea de pensamiento respecto a la democracia y al Estado de Derecho que la sustentada por nuestros tratadistas más destacados, como Santamaría de Paredes o Adolfo Posada (ligado a la Institución Libre de Enseñanza y, en consecuencia, poderosamente influido, como él, por Giner y el krausismo[25]), se aparta por completo del positivismo jurídico formalista, tan en boga en su época fuera de España, lo cual es una característica también comúnmente compartida por los cultivadores españoles coetáneos del Derecho Político. Destaca y valora la aportación de Gerber a la moderna teoría jurídica del Estado, en tanto que punto de partida fundamental, pese a su aspiración a construir un derecho público estrictamente jurídico. Del mismo modo valora el nuevo impulso de Gierke para reconducir la doctrina del Derecho Político al que entiende su centro, esto es, «al problema jurídico, a aquel punto desde donde puede sorprenderse en sus inicios la relación jurídica de carácter público». En este sentido, aprecia sus esfuerzos por conciliar en una unidad superior formalismo y pragmatismo, realismo e individualismo, si bien bajo la premisa de que bajo «el formalismo todo es sistema, el cual, en vez de ser medio auxiliar se convierte en fin, y por ello, en vez de trabajar con un organismo vivo, lo hacemos con un aparato meramente formal, muerto; en una palabra, como una mera técnica externa del Derecho»[26].

En esta misma línea destaca singularmente la obra de Jellinek, a la que califica de «hermosa» y nada comparable en su época con la de cualquier otro publicista; así la tiene por su carácter más complejo y jugoso, flexible y sensible a otros planteamientos; por su anhelo científico y por sus concomitancias con la escuela histórica, condicionada por la atmósfera ideológica idealista en la que vivía; también por huir de una exaltación ilimitada del Estado, fundamentando filosóficamente la sustantividad de los derechos públicos subjetivos, y por su consideración de la soberanía como producto de la formación histórica, al margen de cualquier contemplación esencialista.

En contraste, la obra de Laband, que enmarca en una visión jurisprudencial apegada a una política realista de largo recorrido histórico, cuya tradición es «vivir con el oído atento a los deseos del poder y con la mano presta a redactar lo que a éste le plazca», le merece el más radical de los reproches. Lo retrata como una figura complaciente que persigue la formulación de una ciencia del Derecho Político que «debe expulsar de su seno cuanto signifique política, doctrina o teoría política», pues el jurista, según esta construcción, debe aceptar lo dado y realizar sus construcciones dogmáticas a partir de esta positividad. Desde esta perspectiva lo responsabiliza de haber contribuido grandemente, con el éxito de su postura, a la gran catástrofe alemana a la que condujeron el formalismo y el positivismo y, con ello, a la profunda crisis del Derecho constitucional del primer tercio del siglo XX.

A Kelsen, sin embargo, pese a incardinarse en esta misma genealogía, lo considera uno de los más eminentes juristas modernos, pero subraya reiteradamente que su contribución, por desgracia, está marcada por «la infecundidad y esterilidad del formalismo que inspira la Ciencia Política alemana», en tanto que trata de apartar a la teoría del Estado y del Derecho de los elementos políticos, sociológicos y psicológicos para reducirla a un vacío sistema lógico normativo. De los Ríos se apoya en la autoridad de Heller para sostener justo lo contrario y reivindicar la necesidad de estos materiales y contenidos sociológicos y ético-políticos para construir una verdadera Teoría del Estado, destacando el error de fundamentación de la normatividad que está en la base de la teoría kelseniana del Derecho: la norma suprema incondicionada, una hipótesis sin facticidad, puro fenómeno explicativo vacío de realidad que elimina sin explicación el factor dominación (y con ello los determinantes elementos sociológicos) del campo jurídico-político[27].

En este ambiente y en mitad del «fragor del combate en torno al problema del Estado, su sentido y significación», destaca positivamente, como hostil al denunciado formalismo, la figura y la obra de Hugo Preuss que, a su juicio, renueva con sus formulaciones la gran etapa del Estado de Derecho y al que por ello viene a considerar «el representante de la gran tradición alemana, respetuosa con los principios salvaguardadores de individuos y comunidades»[28], pese a su actitud «ateleológica» en la consideración del Estado. Sin embargo, como desgraciado contrapunto de esta corriente, consecuencia y manifestación final del vaciamiento que del contenido de la forma del Estado liberal se había venido llevando a cabo por el positivismo, se refiere De los Ríos a la misión voluntariamente asumida por Carl Schmitt y su teoría decisionista para formular un principio de intolerancia como condicionante de la acción política que, como principio unificador, vino a justificar las exclusiones sobre las que se fundaba una visión del Estado construida sobre las negaciones vitales de la raza, el pueblo y la nación germanos y el concepto de enemigo, sustentadoras del nazismo[29].

Pese a situarse en los antípodas de la metodología jurídica formalista del positivismo, De los Ríos no es, sin embargo, un antipositivista, al menos en el sentido de que no desconoce ni rebaja el derecho positivo. Que no sea un normativista ni adopte una perspectiva formalista no significa que deje de otorgar un papel central al Derecho vigente, a las normas y a los procedimientos jurídicos en la organización y funcionamiento estatal, considerados en perspectiva histórica; pero lo normativo, desde su concepción, ha de entenderse siempre ordenado y orientado a la satisfacción de los fines del Estado. Parte así, siguiendo a Jellinek, de la existencia de una concepción unitaria del Estado como totalidad orgánica que abraza un concepto social, un concepto político y un concepto jurídico, y en cuyo marco es posible conciliar la libertad y los derechos de las personas, sus fines individuales, con las exigencias de lo social y común, con los fines del Estado. Si el Estado, considerado sociológicamente, atiende a su construcción social, la doctrina jurídica lo considera como sujeto de Derecho, pero ambos aspectos están fundidos en la unidad de su naturaleza[30].

Siendo sujeto de Derecho y poder supremo de dominación, la finalidad sustancial del Estado, según De los Ríos, es alcanzar la justicia, y por ello ha de intervenir en la polémica de los intereses de los grupos sociales, recabando gestión y administración de servicios; criterio intervencionista que ha de encontrar necesariamente su fundamento, sin embargo en la idea de libertad, en tanto que «categoría radical de la vida civil»[31], esto es, en el Estado de Derecho. Sobre estas premisas y finalidades es posible la construcción de una Teoría del Estado, a la que apunta, en la que su fundamentación filosófica e histórica viene asociada al análisis de las formas jurídicas existentes y, en particular, de su elemento nuclear, la Constitución[32].

Esta concepción de Fernando de los Ríos sobre el Estado y sus fines viene a sustentar su entendimiento de la democracia. Ésta se fundamenta y justifica en la libertad, fórmula negativa antaño (lo que el Estado habría de respetar) y hoy principio dinámico vinculado de manera consustancial al fin de la justicia según contenidos muy plurales y abiertos a la dinámica histórica. El poder del Estado para cumplir sus fines está fundamentado en la soberanía que radica en el pueblo como unidad, titular originario de la autoridad y a quien corresponde el poder constituyente, para que la comunidad se gobierne por sí misma o por sus representantes mediante la garantía del Estado de Derecho y la consiguiente limitación del poder de la autoridad instituida. Su preocupación fundamental es la realización del Estado de Derecho, el sometimiento del poder al Derecho, para lo cual es indispensable la democracia como cuestión previa. Esta conclusión, derivada del despliegue histórico desde los orígenes mismos de la democracia hasta la época actual, pasando por los hitos fundamentales de las revoluciones norteamericana y francesa, no deja de llevar a Fernando de los Ríos, sin embargo, a observar las debilidades de los sistemas democráticos coetáneos y, en este sentido, formula un fundamental problema de organización de la democracia moderna anclada en la crisis del parlamentarismo clásico: la representación popular y la manifestación de la voluntad de la mayoría no garantizan la competencia y la eficiencia, que pertenecen al ámbito de la ciencia y de la técnica, lo cual estaría a su juicio erosionando grandemente la democracia parlamentaria de su época.

La constatación de esta crisis y la necesidad de ofrecer nuevas respuestas le conducen a disociar idealmente dos ámbitos que se complementan: de un lado, el de la decisión política regido por el principio democrático y la acción de partido (la voluntad de la mayoría) y, de otro, aquél que debería fundamentarse y legitimarse en el conocimiento experto y técnico, susceptible de ser vehiculado a través de organizaciones profesionales y de los sindicatos en consejos técnicos. El primero respondería al juicio político acerca de la finalidad (*qué hacer*) y el segundo al juicio técnico sobre los medios y la forma de realizar el objetivo propuesto (*cómo y por quién*). La consecuencia que De los Ríos deduce y propone es, así, una nueva organización del Parlamento clásico que daría entrada a una cámara profesional y sindical (asistida por científicos y expertos) junto a una cámara política de representación popular inorgánica. Mientras que a la cámara política debería corresponder la mayor participación en los actos de gobierno, a la sindical le corresponderían primordialmente los que afecten a la administración del Estado. De esta manera, a su juicio, se rectificaría «la vacua estructura actual del órgano legislativo»[33]. Respecto del Gobierno plantea que sea un comité designado por aquellas asambleas que representan, una, los intereses ideales de la nación y, otra, los económicos, en tanto que la función administrativa, por su parte, la concibe de manera descentralizada en los grupos profesionales dotados de capacidad y autoridad, con autonomía capaz de garantizar la competencia.

Este análisis, formulado *in extenso* en su discurso en el acto solemne de inauguración del curso académico 1917-18 de la Universidad de Granada, es recurrente y permanente en el pensamiento de Fernando De los Ríos. Así, en ya su obra *La Filosofía del Derecho en D. Francisco Giner y su relación con el mundo contemporáneo* (1915) llega a afirmar que «El principio mayoritario tiene en ocasiones, sin duda, su justificación, pero carece de sentido cuando a quien corresponde decidir es a la ciencia, cuando a su función le toca ser suprema, cuando de ella procede la autoridad de sus acuerdos»[34]. Años más tarde sería defendido por él mismo, ya como ministro de Justicia, en los debates constituyentes en noviembre de 1931. Una enmienda del Sr. Ayuso para que desaparecieran los Consejos técnicos, previstos en el Título VII del Proyecto constitucional, fue aprobada por 136 votos contra 109. Vinculada esta cuestión al debate sobre el Senado, quedaba claro que nada que recordara a este órgano quiso ser tenido en cuenta por la Cámara, y la Comisión no demostró mucho interés por defender este Título. De los Ríos, animado por sus deseos de modernización y de dotación de eficacia a los órganos de decisión política, argumentó siguiendo sus conocidas tesis con objeto de corregir las insuficiencias del parlamentarismo, propiciando la participación de los sectores sociales en la obra legislativa. «Nosotros creemos, señores diputados —dijo— que, llegado el momento arquitectónico para la Constitución de ir estructurando, como decimos ahora, los órganos decisorios, nos conviene insertar dentro del orden jurídico constitucional, órganos asesores capaces de modificar, como es absolutamente necesario, el régimen parlamentario y potenciar las decisiones del Gobierno. Y para conseguir esto es para lo que nosotros proponíamos una pluralidad de órganos asesores, escogidos en razón de su competencia, articulados verticalmente, desde el elemento vital social, sindicato profesional y sindicato obrero, hasta la plena objetividad científica, representada por el experto y el técnico, que pudieran en todo instante facilitar la obra del Gobierno y modificar la manera de actuar del Parlamento»[35].

La concepción que de la democracia se refleja en la obra de Fernando de los Ríos, como puede apreciarse, no es sino la que corresponde a su tiempo, el periodo de entreguerras, marcado todavía por la transición desde el Estado liberal al constitucional, y no la propia de la democracia constitucional de nuestros días. Se parte en ella del reconocimiento del pluralismo social y político y de la tensión social que genera y, por tanto, de la necesidad de articular el consenso adoptando principios y reglas comunes que canalicen adecuadamente el conflicto y refuercen el régimen constitucional; sin embargo, como subraya F. Balaguer, esa articulación del pluralismo no alcanza todavía a expresar en la obra de Fernando de los Ríos —ni en la doctrina de su época— una formulación específicamente constitucional, esto es, una formulación que haga radicar el nivel de sustentación de esa articulación en una constitución normativa. La pluralidad sigue articulándose en la ley como expresión de la voluntad de la comunidad. De los Ríos, reflejando las contradicciones de la época, sigue así razonando a partir de los presupuestos del Estado legal de Derecho, si bien con tensiones teórico-prácticas que propenden al Estado constitucional de Derecho[36].

Esta misma posición se confirma al analizar la normatividad constitucional, donde su pensamiento acaba reflejando la transición no culminada de la idea de Constitución liberal a la de Constitución normativa. Particularmente expresivo es, a este respecto, su estudio «La estructura metajurídica de la magistratura del monarca constitucional. Poder, Estado y Sociedad» (integrado en el citado *¿Adónde va el Estado? Estudios filosóficos y políticos*), centrado en cómo someter al Monarca a la Constitución para que resulte posible una estructura democrática del Estado. Fernando de los Ríos, instalado en el convencimiento de la incompatibilidad sustancial entre Monarquía y Constitución, de acuerdo con los presupuestos teóricos de los que parte y de la real estructura de poder que analiza, significativamente hace radicar en la institución del juramento el vínculo entre el monarca y la Constitución, no en la garantía de ésta y su supremacía normativa. Esto, sin embargo, no desdice su empeño por afirmar esa normatividad y la vinculación consiguiente de todos los poderes públicos a la Constitución[37].

Especialmente visible es este empeño en su importante y celebrado discurso en defensa del Proyecto de Constitución en las Cortes Constituyentes de la Segunda República[38]. En él subraya que en el momento que vive el país es necesario sustentar un poder anclado en la libertad que nace de la Constitución proyectada: «Señores diputados, henos ante una de las razones más decisivas y poderosas para que rindamos acatamiento y proclamemos públicamente nuestro respeto a la Constitución que va a ser forjada. Esa Constitución es algo creado por el esfuerzo de la comunidad española, y así como hay el deber de crear hay el deber de respetar lo creado. En una autocracia, la desobediencia es un deber; en una democracia, la obediencia es una necesidad. Este Poder que nace de esta Constitución es un Poder querido, deseado, hijo legítimo de la voluntad de la comunidad española; es una creación de la voluntad jurídica de la democracia española. Y porque es un hijo de sus entrañas tenemos que amarle, que respetarle y además que dejar suficientemente flexibles sus normas, de suerte que no hagan imposible un mañana que los supere». Destaca en concreto De los Ríos, con referencias desiguales, las claves y los aciertos del Proyecto de Constitución en un marco de flexibilidad lleno de posibilidades: la incorporación de las normas universales del Derecho internacional; el modo en que resuelve el problema regional mediante el reconocimiento y respeto de la autonomía de las regiones con personalidad histórica; la recepción de instituciones provenientes del Derecho público aragonés y catalán, como el amparo y la Diputación Permanente; el sometimiento de la propiedad privada a normas de Derecho público garantes de su función social; la recepción del Derecho social, del papel de los sindicatos y de los Consejos técnicos, potencialmente transformadores del régimen parlamentario clásico y de la democracia inorgánica; el reconocimiento de la aptitud y el mérito para acceder a las capas rectoras por medio de la educación y, en fin, la forma en que se resuelve el establecimiento de un Tribunal de Garantías Constitucionales.

En su pensamiento es claro también que es necesario configurar el Estado conforme a una proyección social que apunta en la dirección en la que posteriormente caminaría con plena consciencia el constitucionalismo de posguerra, que persigue el fin político de conjugar —si bien desigualmente— el orden liberal y el orden democrático con las exigencias nacidas de la igualación social sustancial. En toda la obra de Fernando de los Ríos cabe apreciar esta dimensión como una constante a la que le conduce su compromiso socialista. Resulta especialmente significativo en este sentido destacar su intervención en la legislatura de 1919-1920 con motivo de las huelgas y conflictos obreros que venían sucediéndose en el país. Con motivo de los debates sobre estos conflictos sociales, la minoría socialista presentó el 22 de enero de 1920 a la Mesa del Congreso una proposición no de ley conteniendo un proyecto de bases que «puedan dar satisfacción inmediata a las reivindicaciones más perentorias de las organizaciones obreras, a las clases medias y a la conciencia liberal de España», apelando al sentido y a las potencialidades transformadoras del Derecho y del Estado. Con su presentación, como afirmara De los Ríos, se trataba de mostrar a sus representados, a las clases obreras, «la posibilidad de una política social por parte del Poder y la posibilidad de un derecho social elaborable por el Parlamento». Cabe subrayar que, en su conjunto, y precisamente por la búsqueda de ese equilibrio interclasista y reformista, la propuesta contiene todo un programa complejo de acción en el que se combinan medidas de alcance revolucionario para el tiempo en el que son planteadas, con una prefiguración básica de los contenidos de un constitucionalismo social[39].

No es posible, como puede advertirse, disociar el pensamiento constitucional de Fernando de los Ríos de sus estudios más vinculados a la filosofía política y al socialismo, entre los que existe una fuerte trabazón intelectual, además de una obvia continuidad con su preocupación fundamental por la Teoría del Estado y la consolidación y desarrollo del Estado de Derecho. Incluso sus discursos parlamentarios son un exponente de su condición de intelectual que rezuman profundos conocimientos y planteamientos doctrinales propios de la Filosofía política y del Derecho Político, por lo que representan una fuente importante para el estudio de su pensamiento y de los problemas sociales, políticos y constitucionales de su época. En la obra de Fernando De los Ríos en este ámbito se aprecia especialmente su preocupación por la ruptura de la democracia y el Estado de Derecho por el falseamiento operado por el caciquismo de su época; la reivindicación de la democracia la asocia a la condena radical del nudo capitalismo y a la búsqueda constructiva de soluciones a los problemas sociales, apelando a los contenidos del Estado social como realidad histórica *in fieri*, en buena medida superadora de antagonismos ideológicos, políticos y sociales; busca la orientación a la modernización en la organización social y política de mano de la ciencia y de la técnica; resalta sus concepciones sobre la educación y la cultura, a las que sitúa en el centro de su valoración como motores para la transformación social, insistiendo en la necesidad de la extensión de la enseñanza y alimentando en este sentido, por un lado, un concepto de la escuela unificada y, por otro, una inspiración en una especie de «aristarquía» o «aristocracia del saber», desprovista de elitismo social o económico, para los niveles superiores; su pensamiento está inspirado por la reivindicación permanente de la ética en los comportamientos públicos y la necesidad de la exigencia de responsabilidades a los gobernantes; y apela con insistencia a la gran cuestión del laicismo y al repudio del anticlericalismo como medio de superar tradicionales antagonismos hispánicos y conseguir el respeto de la libertad de conciencia para todos.

Por lo que respecta en especial a sus reflexiones sobre el socialismo, cabe afirmar que De los Ríos fue el exponente más significado y relevante, en el orden filosófico y teórico, de los postulados y propuestas del socialismo humanista y democrático de nuestro país en la etapa de entreguerras, contribuyendo decisivamente a configurar un nuevo sentido y orientación del socialismo para aquellos tiempos, que en buena medida ha hallado encarnadura en la teoría y hasta cierto punto en la praxis del socialismo democrático actual. Y esta corriente de pensamiento y de acción política todavía puede, sin duda, seguir encontrando en su obra una savia de inspiración fecunda.

De los Ríos representó un socialismo éticamente asentado, convergente con la democracia y consciente de las limitaciones históricas y de las posibilidades del momento; un socialismo que, precisamente para afirmarse como realidad revolucionaria, asumía la necesidad de proceder mediante sucesivas reformas y transacciones, reconociendo el compromiso de restitución al proceso histórico de la continuidad que precisa para consolidar y estabilizar los elementos de cambio y de progreso paulatinamente conquistados. Fundamental en este plano es, primero, su famoso y clarividente libro *Mi viaje a la Rusia sovietista*, donde la documentación y el estudio de las estructuras político-sociales, las entrevistas que mantuvo con los intelectuales y líderes políticos del país (entre ellos, el propio Lenin), junto con la observación menuda y el reportaje humano sobre las condiciones de vida de los rusos, producen el resultado de un trabajo que precisamente por su honda penetración es capaz de advertir, adelantándose a su época, el germen de las carencias del socialismo bolchevique y, en buena medida, el inevitable anquilosamiento político y social que llevaría con los años a la caída del comunismo.

Pero su obra más completa y acabada en la que se anudan teóricamente socialismo, humanismo, libertad, democracia y constitucionalismo social es *El sentido humanista del socialismo* (1926). En él plantea, con una gran erudición histórica, la raíz ética y humanista del socialismo, su contraposición a una dialéctica objetivista y al cientificismo, vinculándolo por el contrario al hombre, a la razón y a la ética personal. El socialismo, para De los Ríos, necesita cimentarse «en la vida interior del hombre y en la de la sociedad». Necesita ser «un movimiento que vaya de dentro a fuera, del interior de los espíritus al exterior social, obra de adhesión, no de imposición; de ahí su esencia liberal; ha de representar además la florescencia más o menos rápida de la colaboración voluntaria de la mayoría, y por eso ha de fundarse en la democracia»[40].

No sería posible dar cuenta completa de las muchas cuestiones de las que se ocupó Fernando de los Ríos en sus numerosos estudios y artículos, frutos de su gran vocación e insaciable curiosidad: sobre el poder, el derecho electoral, los partidos políticos, las relaciones Iglesia-Estado, la justicia, la educación y la cultura —a las que dedicó una particular atención—, el arte, la pedagogía, la Universidad, la filosofía, el problema agrario, el movimiento obrero, la política internacional, etc... En esta semblanza hemos procurado ofrecer los elementos clave de su pensamiento en la unidad de su figura como profesor, intelectual y político, que permean toda su obra y su muy relevante actividad política. Este recorrido, necesariamente breve y muy simplificado, permite intuir todo lo que Fernando de los Ríos hubiera podido aportar a la Teoría del Estado y al Derecho Constitucional en nuestro país si el tiempo tan difícil que vivió no le hubiera llevado a un compromiso político tan temprano como intenso y a una experiencia vital que acabaría quebrantando su trayectoria intelectual, como la de otras grandes figuras del pensamiento de la época, con la guerra y el exilio.

Notas

[1] PESSOA, F., *Libro del desasosiego de Bernardo Soares*, Seix Barral, Biblioteca Breve, Barcelona, 1988, 130.

[2] Cfr. Posada, a., *La crisis del Estado y el Derecho Político*, C. Bermejo Impresor, 1934, 32, 59-61.

[3] Discurso en defensa del Proyecto de Constitución en las Cortes Constituyentes de la Segunda República, 3 de septiembre de 1931, *Diario de Sesiones de las Cortes Constituyentes,* nº 32.

[4] *Vid.* RUIZ-MANJÓN, O., Y LANGA, A., (eds.): *Los significados del 98 (La sociedad española en la génesis del siglo XX).* Madrid, Biblioteca Nueva de la Universidad Complutense de Madrid, 1999. Igualmente, la reflexión de Santos Juliá *Anomalía, dolor y fracaso de España. Universidad de Castilla-La Mancha, 1997* (también publicado en la Revista *«Claves de la razón práctica»,* nº 66, octubre de 1996, y los

trabajos sobre Costa, Ganivet y Unamuno en el ensayo de J. M. BENEYTO: *Tragedia y razón (Europa en el pensamiento español del Siglo XX)*. Madrid, Taurus, 1999.

[5] J.M. BENEYTO, J.M., *Tragedia y razón...*, cit., 126-127.

[6] MARICHAL, J., *La vocación de Manuel Azaña*. Madrid, Cuadernos para el Diálogo, 1968, pág. 69. De esta generación decía Azorín en 1914 que eran jóvenes que tenían «más método, más sistema, más preocupación científica». Apostillando este comentario, M.D. GÓMEZ MOLLEDA subraya que no solo en esto se diferenciaban de la generación anterior, sino también, destacadamente, porque estaban dispuestos a la acción política y muchos de ellos se convierten en políticos, aunque siguieran siendo y teniendo preocupaciones intelectuales y científicas (*Los reformadores de la España contemporánea*. Madrid, C.S.I.C., 1966, 467-468).

[7] *Cfr.* los trabajos de E. STORM, «El 98 y el pensamiento político. Una perspectiva europea»; Santos Juliá, «Dos jóvenes cuando el desastre critican a sus mayores»; Juan Pablo Fusi, «El despertar de la cultura española (1900-1931)»; todos ellos en Octavio Ruiz-Manjón y Alicia Langa (eds.): *Los significados del 98 (La sociedad española en la génesis del siglo XX)*, cit.

[8] Sobre la posición y las relaciones de Fernando de los Ríos en el PSOE, *vid.* Manuel Contreras Casado, «Fernando de los Ríos y el PSOE. Fragmentos de un compromiso ético y político». Ponencia del *Congreso «Fernando de los Ríos y su tiempo»*, celebrado en Granada en 1999. En *Sistema*, nº 152-153, págs. 91-108. También publicado en el volumen con las Actas del Congreso, G. Cámara Villar (ed. y coord.) *Fernando de los Ríos y su tiempo*, Universidad de Granada, 2000, 155-173.

[9] Son ya abundantes los estudios biográficos sobre Fernando de los Ríos. Como más destacados, cabe referirse al pionero libro de Virgilio Zapatero, *Fernando de los Ríos: Los problemas del socialismo democrático*, Madrid, Cuadernos para el Diálogo, 1974; del mismo autor, *Fernando de los Ríos. Biografía intelectual*, Pre-Textos, 1999, y su semblanza «¿Anacronía o verdad prematura?» en la obra colectiva *Fernando de los Ríos y su tiempo*, cit., págs. 27-42, también publicada en la Revista *Sistema*, nº 152-153, 1999, págs. 9-23. Por otra parte, una sintética y completa reconstrucción de su biografía puede hallarse en el Estudio preliminar de Teresa Rodríguez de Lecea a su edición *Fernando de los Ríos. Obras Completas*. V tomos. Fundación Caja de Madrid y Editorial Anthropos, 1997, Tomo I, págs. IX-XLVII. Octavio Ruiz-Manjón traza también su biografía personal e intelectual en *Fernando de los Ríos. Un intelectual en el PSOE*, Síntesis, Madrid, 2007. En las actas del mencionado Congreso *Fernando de los Ríos* y su tiempo pueden encontrarse numerosos trabajos sobre prácticamente todos los aspectos de la vida y obra de Fernando de los Ríos; algunos son citados aquí, pero remitimos a todos ellos por su más que notable interés.

[10] María Dolores Gómez Molleda, *Los reformadores de la España contemporánea*, cit., 283.

[11] De las circunstancias y pormenores del acceso de Fernando de los Ríos a esta cátedra se han ocupado extensamente y con una particular perspectiva M.J. Peláez y Concepción Serrano Alcaide en su Prólogo al *Epistolario selectivo de Fernando de los Ríos Urruti II*, Barcelona, 1995, 38 y ss.

[12] Luis Jiménez de Asúa: Prefacio a *¿Adónde va el Estado? Estudios filosófico-políticos*. Buenos Aires, Editorial Suramericana, 1951, 9.

[13] Francisco García Lorca, *Federico y su mundo*. Madrid, Alianza Editorial, 1980, 96. Un apunte breve de los comienzos de Fernando de los Ríos como catedrático en Granada, hecho por quien fue uno de sus alumnos, puede encontrarse en José Mora Guarnido, *Federico García Lorca y su mundo*. Buenos Aires, Editorial Losada, 1958, 148 y ss. Mora relata como levantó en Granada la bandera de la lucha anticaciquil apoyado entusiásticamente por los estudiantes (cuya admiración y respeto rápidamente ganó con su talante personal y sus métodos docentes) hasta el punto de que en los ambientes políticos de Madrid se hablaba admirativamente de *los estudiantes* de Fernando de los Ríos.

[14] Sobre estos aspectos *vid.* Cristina Viñes Millet, «La Universidad de Granada en la época contemporánea», Capítulo III de la obra *Historia de la Universidad de Granada*, de la que son autoras, además, María del Carmen Calero Palacios e Inmaculada Arias de Saavedra. Universidad de Granada, 1997, 226; Virgilio Zapatero, *Fernando de los Ríos: los problemas*, cit., 30 y ss., y Octavio Ruiz-Manjón, «Los primeros años granadinos de Fernando de los Ríos», en VV. AA. *Fernando de los Ríos intelectual y político*. Diputación Provincial de Granada/Universidad de Granada, 1997, 52 y ss. *Vid.* también en general para este periodo de su vida Antonio Jara: «Sociedad y política. La etapa granadina de Fernando de los Ríos», en la obra citada «*Fernando de los Ríos y su tiempo*», 43-70, también publicado en *Sistema*, nº 152-153, cit.

[15] Sobre la trayectoria política de Fernando de los Ríos, además de las obras generales citadas sobre su figura, remito al lector a mi estudio introductorio de *Fernando de los Ríos. Discursos parlamentarios.* Congreso de los Diputados, Dirección de Estudios y Documentación de la Secretaría General. Departamento de Publicaciones, Madrid, 1999 (Selección de los Discursos y Estudio Preliminar: Gregorio Cámara Villar. Contextualización: Departamento de Archivo del Congreso de los Diputados).

[16] *Apud* Virgilio Zapatero, *Fernando de los Ríos: los problemas...*, cit., 74 y ss. y Emilio Lamo de Espinosa y Manuel Contreras: *Política y Filosofía en Julián Besteiro*, Madrid, Sistema, 1990, 64.

[17] Carta al Excmo. Sr. Marqués de Estella, Presidente del Consejo de Ministros. Granada, 18 de noviembre de 1928. Archivo Histórico Nacional de Salamanca, Guerra Civil, Madrid, Sección Político-Social, legajo 1381, documento suelto. *Vid.* en Concepción Serrano Alcaide y Manuel J. Peláez: *Epistolario selectivo de Fernando de los Ríos Urruti*, cit., 62-63.

[18] *Cfr.* J. Bécarud y E. López Campillo, *Los intelectuales españoles durante la II República*. Madrid, Siglo XXI, 1978, 9 y 10.

[19] Escrito de Fernando de los Ríos al Ministro de Instrucción Pública y Bellas Artes, renunciando a su cátedra de Derecho Político. Granada, 23 de marzo de 1929. Archivo Central del Ministerio de Educación y Ciencia, Sección de Enseñanza Universitaria. Caja 47.075, exp. 79, doc. 236-784-2-929. *Vid.* en Manuel J. Peláez y Concepción Serrano Alcaide: *Epistolario selectivo de Fernando de los Ríos Urruti, II,* cit., 68-69.

[20] F. Balaguer Callejón, «Un constitucionalista del periodo de entreguerras. El pensamiento constitucional de Fernando de los Ríos», cit., 72 (también publicado en *Sistema*, nº 152-153, 77-89).

[21] J. A. Portero Molina, «El Derecho Político en la obra de Fernando de los Ríos», en G. Cámara Villar (ed. y coord.), *Fernando de los Ríos y su tiempo*, cit., 261 (también publicado en *Sistema*, nº 152-153, 109-119).

[22] J. A. Portero Molina, «El Derecho Político en la obra de Fernando de los Ríos», cit., 266. Pueden consultarse en las citadas *Obras completas*, editadas por Teresa Rodríguez de Lecea, Tomos III y IV.

[23] Luis Jiménez de Asúa: Prólogo a *¿Adónde va el Estado?*, cit., pág. 11.

[24] Fernando De los Ríos, «La metodología política alemana: De Fichte a la caída de Hitler», en *Adónde va el Estado*. Se cita la versión recogida en las *Obras Completas*. Edición de Teresa Rodríguez de Lecea, cit., Tomo V, 532 (esta misma idea conclusiva, con una formulación casi literalmente idéntica, queda recogida en «Prólogo a Teoría general del Estado, de G. Jellinek», en *Obras completas*, cit., Tomo III, 123).

[25] Vid. María Dolores Gómez Molleda, *Los reformadores de la España contemporánea*, cit., 280 y 316-317; Joaquín Varela Suanzes «El derecho político en Adolfo Posada», en Raúl Morodo y Pedro de Vega (Dirs.): *Estudios de Teoría del Estado y Derecho Constitucional en honor de Pablo Lucas Verdú*, cit., Tomo I, 555-580.

[26] Fernando De los Ríos, «La metodología política alemana: De Fichte a la caída de Hitler», cit., 506-507.

[27] *Ibidem*, 559 y ss.

[28] *Ibidem*, 564.

[29] *Ibidem*, 568 y ss.

[30] Fernando de los Ríos, *La Filosofía del Derecho en D. Francisco Giner y su relación con el mundo contemporáneo*, en *Obras Completas*, cit., 184 y ss.

[31] «Prólogo a Teoría general del Estado, de G. Jellinek», cit., 124.

[32] Cfr. J. A. Portero Molina, «El Derecho Político en la obra de Fernando de los Ríos», cit., 265.

[33] Fernando De los Ríos, «La crisis actual de la democracia» (Discurso leído en la solemne inauguración del curso académico de 1917 a 1918). Granada, Tipografía Guevara, 1917, original reproducido por el Servicio de Publicaciones de la Universidad de Granada, 1978 (también puede consultarse en las *Obras completas*, cit., págs. 169 y ss. La cita literal corresponde a la página 184).

[34] *La Filosofía del Derecho en D. Francisco Giner y su relación con el mundo contemporáneo*, cit., 192.

[35] *DSCC*, 10 de noviembre de 1931.

[36] *Cfr.* F. Balaguer Callejón «Un constitucionalista del periodo de entreguerras», cit., 79 y ss.

[37] *Ibidem*, 87-88.

[38] 3 de septiembre de 1931. *Diario de Sesiones de las Cortes Constituyentes*, nº 32.

[39] La proposición la encabeza la firma de Fernando De los Ríos; por el tono de su redacción y su posterior defensa por él mismo, se advierte que su autoría, en buena parte al menos, le corresponde *DSCD*, nº 66, 10 de febrero de 1920, págs. 2370-2383.

[40] F. De los Ríos, *El sentido humanista del socialismo*. Se cita la edición de las *Obras Completas* de Teresa Rodríguez de Lecea, cit., Tomo II, 329-330. Sobre el socialismo de F. de los Ríos, además de los trabajos citados, vid. Díaz, E., «El socialismo de Fernando de los Ríos» y Pedro de Vega «Fernando de los Ríos: un clásico del socialismo», ambos en G. Cámara Villar (ed. y coord.), *Fernando de los Ríos y su tiempo*, cit., 449-461 y 503-509, respectivamente (también publicados en Sistema, nº 152-153, 291-302 y 273-289, respectivamente).

NICOLÁS PÉREZ SERRANO (1890-1961). SEMBLANZA Y DATOS BIOGRÁFICOS

Nicolás Pérez Serrano Jaúregui

1. Nota biográfica[1]

Nicolás Pérez Serrano nace el 21 de mayo de 1890 en Ceuta, entonces plaza española del Norte de Africa, perteneciente a la provincia de Cádiz. Ello le dejará profunda huella, tanto que uno de sus primeros trabajos será precisamente sobre el *Reparto de África*. Su padre es castellano (de Urda, Toledo), y tiene establecimiento comercial abierto al público en la calle ceutí de Soberanía Nacional 14 (acaso esa ubicación resulte casi profética para la ulterior vocación de Pérez Serrano por el Derecho Político). Su madre es andaluza (de La Zubia, Granada). A esta ciudad —«la Bella»— se trasladará la familia pasados tan sólo 6 años.

Estudia, pues, en Granada. Y allí, tras su bachillerato en el que descuella por sus muchas dotes, cursa simultáneamente Derecho y Filosofía y Letras, obteniendo un expediente académico irrepetible y Matrícula de Honor en todas las asignaturas de las dos Carreras. Pronto también destacará por su enorme facilidad para los idiomas, hasta el extremo de llegar a hablar y traducir correctamente diez lenguas, clásicas y vivas. Traduce ya de adolescente no pocos Manuales y Artículos de diversos idiomas, y ello le facilitará mucho el camino para sus oposiciones a las Cortes y a la Cátedra. Igualmente desarrolla entonces una gran afición a la literatura, poesía, música, botánica, historia y otros muchos saberes, que le harán tener una cultura enciclopédica, a la que sin duda ayuda su prodigiosa memoria.

Tiene, así, una formación que podríamos calificar de multifocal. Y quizá esa prolífica formación y vocación, esa capacidad por una curiosidad sin límites, le permita tener su propia posición en todas las tareas y materias a las que se dedica, sin adscripción clara a líneas doctrinales excluyentes.

En 1912 obtiene plaza en las oposiciones a Auxiliar de la Secretaría del Congreso de los Diputados. Paradoja: al fallecimiento de su padre, ocurrido en ese mismo año, y por imperativo del Código Civil vigente a la sazón, se le tiene que designar un defensor judicial de los *intereses del menor* en dicha herencia, dado que, aún siendo bi-licenciado universitario, era menor de edad, pues aún no había cumplido los 23 años que tal norma exigía para ser mayor de edad. Su formación dual le hará decir de sí mismo que era un hombre de letras dentro de la sacristía parlamentaria, y con proyección hacia el Derecho y su ejercicio libre. Pronto se dará de alta como Abogado, y será Colegiado núm. 222 (de 1917) del Colegio de Abogados de Madrid.

Cuenta González Pérez («Académicos Vistos por Académicos, Niceto Alcalá-Zamora», Real Academia de Ciencias Morales y Políticas, 1996, pág. 164) que Don Nicolás fue pasante en el Despacho de Don Niceto, pero que tuvo que abandonarlo Pérez Serrano «en los años de la Primera Guerra Mundial por la absoluta incompatibilidad entre las ideas de éste —a favor de ingleses y franceses— con la germanofilia de Don Niceto. Era tal el apasionamiento de D. Niceto a favor de los alemanes —me contaba Don Nicolás en una de las charlas que solíamos tener cuando el día de Nochebuena de cada año iba a felicitarle las Pascuas— que resultaba imposible cualquier manifestación contraria, al comentar por las mañanas las incidencias de la contienda».

Más tarde, antes de su andadura en solitario como abogado, participa en el Despacho de D. Leopoldo Matos Massieu. Aquí viene a colación un extremo poco conocido de la biografía de Pérez Serrano: su lealtad para con la Corona de España, que le lleva, sucesivamente, a participar (en aquel Bufete y más tarde, en 1942 o 1943, en solitario) en la testamentaría de la Reina D.ª M.ª Cristina, viuda de D. Alfonso XII, a poner incluso —en épocas nada fáciles— un crespón negro sobre bandera nacional en los balcones de su casa y despacho de Génova 17 de Madrid el día que muere en Roma D. Alfonso XIII, y a ser preceptor para conceptos y asignaturas (de Derecho Político) en los estudios de Derecho de Don Juan Carlos de Borbón en las postrimerías de los años cincuenta y cuando éste sólo era Príncipe de España.

Ello, sin embargo, no empece para que colabore fielmente con la República, proclamada el 14 de abril de 1931. Primero, en la redacción, como Letrado del Congreso, de la Constitución de 9 de diciembre de 1931. A este respecto cabe decir que sus «Comentarios» a dicho texto se convierten en *modelo*, en desapasionado y sistemático juicio de una Carta Magna. A su vez, se asegura que el Reglamento Parlamentario de 1934, de clara sistemática y gran finura jurídico-política, es obra de su inspiración directa. Como lo atestigua una nutrida correspondencia de julio-septiembre de 1933, propicia una candidatura independiente universitaria al Tribunal de Garantías Constitucionales.

Es, además, experto del Comité de Estudios de la Universidad Internacional de Verano de Santander (correspondencia con Pedro Salinas, a la que haremos cumplida mención más adelante), de reciente creación y que ha sido crisol de la cultura de una época, y espejo en que se han mirado las futuras generaciones universitarias.

Dirige también (1932 a 1936), al frente de un magnífico elenco de Profesores, Tratadistas, Magistrados y Especialistas, la Revista de Derecho Público. De ello también nos ocuparemos desde las páginas que siguen, dentro de otro apartado del presente trabajo.

En octubre de 1932 obtiene por oposición la Cátedra de Derecho Político Comparado de la Universidad Central (Facultad de Derecho). En ella sucede a su maestro D. Adolfo González Posada, del que ha sido Auxiliar y Ayudante. Es el propio maestro Posada quien reconoce su labor: así, en el Tomo II de su Tratado de Derecho Político (5ª edición, revisada, 1935, pág. 7), escribe: «Quiero una vez más dar testimonio de simpatía y reconocimiento a Nicolás Pérez Serrano, discípulo, un tiempo, de quien esto escribe, y maestro hoy en Derecho constitucional y parlamentario. Con su eficaz ayuda he podido hacer las refundiciones del *Derecho Constitucional Comparado.* Y esta colaboración con el antiguo discípulo la considero como una de las más grandes satisfacciones de mi vida universitaria».

Imparte también por esa época un cursillo de Derecho Parlamentario en la Residencia Estudiantes y en la citada Universidad que luego será Menéndez y Pelayo.

Y la propia Revista de Derecho Público anuncia un Manual suyo sobre Derecho electoral, que, por desgracia, no he sido capaz de encontrar.

Simultanea además su laboriosa actividad parlamentaria y docente con la de Asesor del Monopolio de Tabacos (llegó a ser secretario del Consejo de Tabacalera) y de jurista activo, siempre dentro de un ideal formativo propio de su proximidad al Krausismo.

Es Secretario del Colegio de Abogados de Madrid en época de honda conturbación de nuestra vida política (1936), cuando nadie quería hacerse cargo de semejante carga, delicada y pesada, y que afronta desde la convicción de ayudar a colegiales de encontradas posiciones ideológicas, sin distingo de ningún tipo de credos. De esta otra faceta de su biografía habrá asimismo ocasión de hablar un poco más adelante, desde estas mismas páginas.

Casa en 1934 con Natividad Jáuregui Martínez, farmacéutica, y de cuyo matrimonio nacen 5 hijos: Mabel, Ana María, Africa, Juan y Nicolás.

La guerra civil la pasa en Madrid, y demuestra así su acrisolada independencia de criterio. No admite irse a Valencia, ni, más tarde, a

Barcelona. Pasea su preocupación por Madrid, con sombrero, corbata, chaleco ... El trueque (todavía le queda algún tabaco de su adscripción al Monopolio) le sirve como *modus vivendi*, y para procurar alimento a su familia (ya viven dos hijas ...). Y, como no podía ser de otra manera, sufre las consecuencias de su noble independencia, pues es sometido a varios procesos de responsabilidad política (de los que sale del todo indemne), y de 1939 a 1945 se le suspende en su actividad de Catedrático de Derecho Político y se le asigna al Departamento de Altos Estudios de Derecho Privado, (rama del Derecho no alejada de sus preocupaciones, como jurista global o integral). Federico Sopeña lo ha contado en sus grandes trazos, y a su testimonio sacerdotal, no puesto en entredicho por nadie, me remito. Hay, además, unas páginas que reflejan cuanto decimos. En los «Documentos Inéditos para la Historia del Generalísimo Franco», Tomo IV, Fundación Nacional Francisco Franco, Azor, Colección de Estudios Contemporáneos, figura, en la pág. 30 y como ficha o núm. 5, lo siguiente, que transcribimos literalmente: «1943. Informe sobre firmantes de apoyo a Don Juan. Don Nicolás Pérez Serrano: Este señor es un viejo republicano. Catedrático de Derecho Político de la Universidad Central. No se le ha expulsado como Catedrático, pero se le ha prohibido desempeñar su Cátedra, sin perjuicio de abonarle el sueldo. Hombre inteligente y de gran habilidad, es contrario al Movimiento Nacional y últimamente se jacta de su amistad con Don Juan, de quien tiene en su despacho una fotografía con cariñosas dedicatorias». Esa foto, cierto es, ha estado siempre en casa. En ella D. Juan de Borbón y Battemberg, desde la Roma de su exilio, le agradece en 1942 todas las gestiones conducentes al buen fin de la testamentaría de la Reina Dª. Mª Cristina, su abuela.

En los anaqueles de su bien provista y actualizada biblioteca, hay un incipiente *Tratado de Derecho Político*, que deja íntegramente pergeñado, pero que nunca quiso publicar. Al final, en 1976, quince años más tarde de su muerte, ve la luz, y se acaba convirtiendo en un clásico sobre la materia, objeto permanente de consulta por estudiosos y políticos, pues, como ha llegado a decir algún comentarista, «el fondo insobornable de humanismo liberal hace del libro texto para todo el que quiera una democracia razonada, vigilante, abierta y espiritual».

En nuestra postguerra, y por el prestigio de su figura, se produce un crecimiento exponencial del bufete, no reñido con un ejercicio *artesanal* y *social* de la abogacía. Es, según todos los autores, el primer abogado de España de 1940 a 1961. Múltiples crónicas periodísticas de la época así lo aseguran. Y hay que señalar que una rigurosa selección de asuntos impide que las cifras no sean aún mayores: D. Nicolás se recluye para ello en una nutrida gama de autoincompatibilidades (morales, éticas) para dicho ejercicio. Son patentes sus enormes capacidades de trabajo, de enfoque, de síntesis en los variopintos, complejos y relevantes asuntos (testamentos de Valle-Inclán y Cambó; pleito de la Coca-Cola; arrendamientos rústicos y urbanos; casación civil y contencioso-administrativa; revisión; injusticia notoria; en fin, incansable lucha por el *Derecho* y por la *Justicia*). En dicha vertiginosa ocupación se suceden los arbitrajes y los laudos. Son innumerables los dictámenes que llevan su inconfundible firma, su precisa y preciosa visión de cada asunto sometido a su consideración.

Sin embargo, no descuida por ello su vocación universitaria, de intelectual comprometido con los ideales del jurista, de profesor-tutor, de estudioso de un sinfín de problemas viejos y nuevos. 1950 es buen síntoma de cuanto sucede en torno a su persona, a su prestigiosa figura: es elegido para pronunciar la lección magistral de la apertura del Curso universitario; él, a su vez, elige un tema de disertación nada grato para el Régimen político, a saber, la evolución de las Declaraciones de Derecho. Y otro tanto cabría decir de su artículo (en 1959) acerca de la naturaleza del Reglamento Parlamentario.

Su *escuela* fue siempre la libre del Derecho, sin adscripciones, con afanosa busca de las raíces del derecho, público y privado, fruto de la cual es su cuantiosa producción en ambos campos o sectores de lo jurídico. Fue también conferenciante riguroso, ameno, constructivo, irónico, profundo, casi exhaustivo. Y, a pesar de sus reticencias cuasi ontológicas a cuanto suponían honores y reconocimiento, a regañadientes tuvo que aceptar la Legión de honor de la República francesa, la Gran Cruz de Isabel la Católica, el ser Vocal de la Comisión General de Codificación, Académico de Ciencias Morales y Políticas, y de Jurisprudencia y Legislación (a punto estuvo también de ser nombrado de la Real de la Lengua, como atestigua la correspondencia con Gregorio Marañón y Posadillo).

Fue cordial y afable, volcado en la educación y con especial preocupación por el lenguaje. Como a Terencio, nada humano le era extraño. Y, dicho con palabras de Yanguas Messía (necrológica publicada en ABC de 18 de febrero de 1961, pág. 56), «hablaba con ordenada y elocuente palabra. Describía con objetividad. Argumentaba con rigor. Exponía con lucidez. Enseñaba con amenidad. Razonaba con persuasión. Poseía un perfecto dominio de la ciencia y de la técnica jurídicas. Más, con ser tanto lo que de Derecho sabía, era aún más lo que sentía y amaba la Justicia».

Muere en Madrid el 17 de febrero de 1961, habiéndose jubilado de su Cátedra el curso anterior, ya en la nueva y recién estrenada Facultad de Derecho de la Ciudad Universitaria, lejos del Caserón de San Bernardo, donde había impartido su magisterio, ininterrumpido, siempre en Madrid.

2. La «Revista de Derecho Público» y la ciencia jurídica europea en torno a 1930

Extraña un tanto que se le hayan dedicado pocos estudios a este fenómeno. Claro está que en los cuarenta años que van de 1936 a 1976 en España no hubo clima propicio para ocuparse de tal cuestión; incluso tratadistas como Pérez Serrano y García-Pelayo, que hacen estudios y monografías sobre derecho constitucional aún bajo el peso ambiental de la dictadura, constituyen la excepción y muestran en su obra casi un carácter heroico en su aislamiento y en su exilio interior, pues no otra es la vivencia que les toca transitar, al menos desde la perspectiva intelectual y como especialistas en la materia.

Sin embargo, ese silencio resulta más difícil de entender a partir del momento mismo de la Transición política que se produce en España a partir de 1977, cuando, sucesivamente, aparecen en la escena la Ley para la Reforma Política (enero), el Real Decreto-ley Electoral (marzo) y el Texto de la Constitución de 1978. Cierto es que últimamente —al hilo en 2006 de la conmemoración de los 75 años del Texto de 1931— se percibe un auge grande de los estudios acerca de la II República. Pero, aún así, queda todavía por realizar, en la dogmática constitucionalista hispana, un análisis riguroso de lo que supuso la aparición, en tempranos momentos de nuestra Segunda República, la Revista de Derecho Público que dirigió mi padre de comienzo a fin, es decir, desde enero de 1932 hasta junio de 1936.

Vaya por delante otra consideración que a mí particularmente me parece evidente: tal publicación periódica, que alcanza un total de cincuenta y cuatro números en esa su primera época[2], no es un islote, cual edificio exento, sino que se enmarca en un contexto más amplio, en el que tienen especial relevancia los contactos internacionales, que permiten, con la amplitud de miras intelectuales y la apertura al exterior que caracteriza a esta época, un intercambio de ideas y estudios con la Europa libre y pretotalitaria de los primeros años treinta del siglo pasado. Es precisamente en este ámbito donde enmarco la conexión entre la aparición de la Revista de Derecho Público y el comienzo del funcionamiento de la Universidad Internacional de Verano, luego conocida como Menéndez Pelayo en honor al ilustre polígrafo de cuna cántabra, y por cuyas aulas pasará también lo mejor de los europeos de la época.

Añadiré una obviedad. La aparición de una Constitución, siempre que ésta lo sea de verdad y no responda a los tipos nominal, semántico u otorgada, supone siempre un caldo de cultivo en torno al cual proliferan los estudios, monografías y artículos doctrinales relacionados con el Texto[3], y que tienen como objeto el análisis de la nueva constitución, su génesis, sus instituciones, la comparación respecto a Constituciones hermanas, la reseña legislativa acerca del desarrollo constitucional y, en fin, el seguimiento de la jurisprudencia constitucional que el correspondiente Tribunal produzca para interpretar el propio Texto fundamental. De todo ello hubo en la época, al hilo de la Constitución republicana, única en su género, pues, como es de sobra sabido, la República española de 1873 no llegó a contar con texto propio normativo; y de todo ello, como es lógico, se ocupó la Revista de Derecho Público.

Y llama poderosamente la atención que se publicase hasta el número de junio de 1936, cuando las espadas de la guerra civil ya estaban, si no en alto, sí al menos desenvainadas, a punto de usarse. Mi padre cumplió hasta el final con su deber de director, justo hasta el momento mismo de constatar la imposibilidad de continuar con la tarea. La separación en dos bandos contendientes, la división republicanos/pro-alzados, la inminente desconexión con los constitucionalistas del exterior, la situación de guerra, en fin, impidió que se prolongase el esfuerzo.

Aunque, como diré, ese no fue el único frente en que tuvo que bregar mi padre. Al poco tiempo de ello, y por designación oficial cuando era obvio que voluntariamente nadie quería pechar con semejante compromiso, fue nombrado Secretario del Colegio de Abogados de Madrid, cargo en el que permanecería hasta la entrada en la capital de las tropas de Franco.

Pero volvamos a la Revista que dirigió mi padre. Si nos detuviéramos brevemente en las cifras, diríamos enseguida que en los cuatro años y medio en que se publicó sus 54 números se publicó un total de 137 artículos y reseñas legislativas y de jurisprudencia, a razón de 29 en

1932, otros 29 en 1933, 27 en 1934, 34 en 1935 y 18 en 1936, bajo la firma y responsabilidad de cincuenta y cinco autores. Y, enlazando con lo que antes apuntaba, resulta significativo[4] que fuera el primer artículo el titulado «El Instituto Internacional de Derecho Público», en el que D. José Gascón y Marín[5] daba cuenta de la impresionante nómina de sus componentes: Barthèlemy, Carré de Malberg, Jèze, Fleiner, Kelsen, Menzel, Merkl, Jellinek, Laun, Smend, Stier-Sömlo, Thoma, Trieppel, Pound, Willoughby, Posada, Gascón y Marín, Mirkine-Guetzévitch. Y, a continuación, el artículo de Pérez Serrano «Carácter de la nueva Constitución Española», y en cuyo desarrollo planteaba estas cuestiones esenciales: ¿democracia pura o representativa?; ¿unitarismo o federación?; ¿parlamentarismo o presidencialismo?, y preocupaciones reflejadas en la parte dogmática.

El número de cada mes lo estructuraba la Revista en varios apartados: primero, el de artículos doctrinales (habitualmente dos); luego otras tres secciones bien diferenciadas: Índice legislativo de las disposiciones que iba emanando la República; Revista de Revistas; Notas bibliográficas; aunque a ello, y a partir del núm. 2, habría que añadir una quinta (que aparecería normalmente en tercer lugar) dedicada a Jurisprudencia del Tribunal Supremo, y aún una sexta (se publica por primera vez en el núm. 6) sobre Cuestiones Prácticas, una séptima y esporádica (desde el núm. 19-20) que recoge Miscelánea, y una octava (se recoge en la Revista a partir del núm. 36) que se ocupa de la Jurisprudencia del Tribunal de Garantías.

La relación de asuntos abordados por la Revista de Derecho Público a lo largo de los cincuenta y cuatro meses dirigida por la batuta de Nicolás Pérez Serrano, y sobre todo dentro de 2006, año en que alguna iniciativa legislativa lo califica como el de la recuperación de la memoria histórica, bien merecería un estudio serio y sistemático[6]. Desde mi modesta perspectiva, y sin querer sentar cátedra al respecto, sí creo que alguna consideración complementaria por mi parte no sobraría. De una parte, que el elenco de articulistas refleja la madurez de quienes ya entonces habían superado sus cuarenta años, así como la aparición vigorosa de nuevos valores en los tres campos básicos de Derecho Público, a saber, Político, Administrativo y Penal, sin desdeñar el inicio de materias y tratadistas que pergeñarían nuestro primer Derecho del Trabajo. En segundo término, la no estridencia de los planteamientos, sin por ello dejar de apuntar una bien construida crítica. Además, resalta la avidez por dar a conocer, mediante las ya apuntadas reseñas sobre libros extranjeros, los movimientos intelectuales que bullían en la Europa de la época. En cuarto lugar, y valga como reflexión personal de mayor alcance, parece que el influjo de esos 54 números prometía —pero la guerra, y luego el régimen franquista frustraron su continuidad; por ello mismo el juicio que adelanto no deja de ser aventurado— tener tanta dimensión como el que años más tarde, si bien con espectro más especializado dentro del Derecho Público, vendría a tener la Revista de Administración Pública, la famosa R.A.P., y sin que el testigo pudiera cogerlo, dentro del campo del Derecho Político —y, por razones obvias, menos aún en el Derecho Constitucional— la Revista de Estudios Políticos, creada muy en la primera etapa de la posguerra. Y una última digresión, que pudiera interpretarse como alegación *pro domo sua* (dada mi vocación por la materia): aparecen en la Revista al menos cuatro artículos que versan directamente sobre derecho parlamentario.

Terminaré estas reflexiones con una vuelta al principio. Dije, y creo que es verdad, que la Revista nacía sin un prólogo. Pero no es del todo cierto. En sus grandes títulos, decía de sí misma que era una revista mensual «para el estudio del Derecho Político (con sus filiales Electoral, Parlamentario, etc.), del Derecho Penal (con lo referente a su Enjuiciamiento y materias afines), del Derecho Administrativo (con sus sectores del Derecho Municipal y análogos), Derecho Internacional Público, etc.». Creo que el listado de artículos antes expuesto demuestra que la Revista cumplió con los propósitos para los que fue creada. Pero también aquí hay que hacer una digresión complementaria: ese obviado «prólogo», que no se pergeñó para que apareciera directamente encabezando los primeros caracteres tipográficos de la Revista, sí, en cambio, tuvo cabida al finalizar el libro, ya reseñado, de mi padre de *Comentarios* a la constitución de 1931. Se decía allí, a manera de programática y concisa presentación, lo siguiente, que conviene transcribir y recordar, pues en esos ocho párrafos no sólo se resumen los porqués de la puesta de largo de la Revista de Derecho Público, sino también las preocupaciones que inspiraron a sus creadores esta andadura.

> «Cambiado recientemente el régimen de España, y en trance de cristalizar las nuevas instituciones de orden político, administrativo y penal que han de encarnarlo, apenas necesita justificación el nacimiento de una Revista que en nuestra lengua y con pulcritud científica estudie los problemas del Derecho Público; las Revistas de carácter general no pueden consagrar espacio adecuado a estos temas, y las de

índole especial se ven forzadas a desatender sectores considerables, o a tratar con carácter más bien elemental y practicista las materias que son objeto de su preferencia privativa.

La actual crisis de renovación, profunda y amplísima, que afecta a todos los conceptos básicos del Derecho Público, engendrando Constituciones de tipo original, remozando la fórmulas clásicas del sufragio, reorganizando las instituciones administrativas y sus jurisdicciones tutelares, y modelando bajo el signo de modernas preocupaciones el campo jurídico-penal y el de su enjuiciamiento, todo este proceso a que asistimos exige y merece una análisis sereno y detenido que oriente las reformas, encauce su aplicación desde el principio y sepa mantener pura la esencia de las nuevas concepciones, evitando que el rutinarismo comodón o la malicia interesada vengan a desvirtuar su verdadero espíritu.

Pero, bien entendido, la labor se inspira en esta triple preocupación: 1.ª, mantener un rigor constante en el examen técnico de las cuestiones, estudiándolas a la luz de criterios estrictamente científicos, que para nada tengan en cuenta partidismos de ningún género, siempre reñidos con el culto sincero a la Verdad; 2.ª, no abstraerse nunca, sin embargo, aislándose en la torre de marfil de unos conceptos de laboratorio o de cátedra que resulten inservibles en la práctica profesional o divorciados del Derecho vivido a diario, y 3.ª, cultivar con singular esmero aquella nota de cosmopolitismo, o, si se prefiere, de universalidad, que caracteriza al Derecho Público, y que obliga siempre a tender la vista por el mundo, sin detenerse exclusiva, ni siquiera predominantemente, en las peculiaridades localistas, más propias del Derecho privado.

Tal es nuestro propósito, que puede condensarse en estas palabras: *crear una publicación dotada de sólida doctrina, eficaz colaboradora de la práctica usual y que recoja las modernas preocupaciones del Derecho Público comparado.*

Para ello se cuenta con dos elementos: con experiencia, el crédito y el entusiasmo de la *Revista de Derecho Privado*, que nos alienta en la empresa, y con un plantel de colaboradores eminentes y de redactores jóvenes y fervorosos que aseguran la seriedad del propósito.

La nueva Revista es mensual por ahora, y *consagra su atención a los problemas del Derecho Político (con sus filiales de Electoral, Parlamentario, etc.), del Derecho Administrativo (con sus sectores de Derecho*

> *Municipal y análogos) y del Derecho Penal (con lo referente a su Enjuiciamientos y materias afines)*; todo ello aparte de publicar asimismo trabajos de Historia del Derecho o de Derecho Internacional Público cuando la ocasión lo aconseje o su mérito intrínseco lo reclame.
>
> Y dentro de cada una de esas Secciones se insertan, con periodicidad, según detalladamente diremos, una *Parte doctrinal*, compuesta de artículos extensos sobre temas magistrales, análisis de cuestiones prácticas y consultas que ofrezcan evidente interés, y otra *Parte informativa*, que comprenda desde un Índice de legislación hasta el resumen bibliográfico de cada especialidad (con recensión, notas y Revista de revistas), consagrando cuidado principalísimo a la exposición y comentario de la jurisprudencia recaída, *incluso con notas amplias sobre los fallos de cierto relieve.*
>
> Nosotros no hemos de regatear el esfuerzo; lo propicio del momento, lo noble del empeño y el entusiasmo con que lo acometemos nos hace esperar que el público de lengua española contribuirá con su apoyo al logro de la finalidad que nos hemos propuesto».

Y, una vez trascrito este cripto-prólogo (difícil, además, de localizar), permítaseme que, para finalizar estas notas, subraye con toda brevedad, pero no por ello dejando de apreciar su intensidad, esa expresión en que la Revista resume su propósito: «crear una publicación dotada de sólida doctrina, eficaz colaboradora de la práctica usual y que recoja las modernas preocupaciones del Derecho Público comparado». Creo que mi padre sabía bien que la cristalización y desarrollo de la República no iba a ser fácil; por eso ofrecía —desde las páginas de la Revista— la colaboración debida, en aras a facilitar soluciones a los problemas. Ello suponía no quedarse al margen; implicaba un compromiso, cuya palmaria esencia llegó a plasmar más tarde: «el intelectual que quiera realmente serlo, no puede convertirse en un Pilatos ..., culpable de evasionismo comodón»[7]. Y ello, además (vuelvo a insistir en aspectos tangencialmente aludidos en estas líneas), con la perspectiva de lo que podríamos denominar como nueva europeización del derecho público, avance, sin duda, de los fenómenos de mundialización y globalización que hoy consideramos enormemente comunes.

3. La puesta en marcha de la Universidad Internacional de Verano de Santander (1932-1934)

Ilustrativa de su *compromiso universitario*[8] es, sin duda, la correspondencia que, desde noviembre de 1932 (mi padre obtiene la Cátedra de Derecho Político de la Universidad Central poco antes, en octubre de ese mismo año) a marzo de 1934, mantiene mi padre con Pedro Salinas, que ostentaba entonces la Secretaría General de la Universidad Internacional de Verano en Santander (Ministerio de Instrucción Pública), con sedes en el Palacio de la Magdalena de Santander y en Medinaceli 4 de Madrid. En ella hay propuestas varias, cuyos títulos, materias y autores posibles conviene retener, para mejor ilustrar o comprender la *cultura de la época*; algunas ideas no prosperarán, por acomodos varios, de calendarios, unidades temáticas, etc. (Maquiavelo y Bodino en España, por Riaza; los precursores españoles del Derecho de gentes o la idea del imperio, por Barcia; Juristas, teólogos y canonistas españoles del siglo XVI, por Recasens). Pero bueno es tomar conciencia detallada de dicho escenario. Preparación externa, detallista, con tendencia a la sistemática, bien ordenada, con afán de cuasi omnicomprensividad en torno a ciencia y cultura, o al menos respecto a las cuestiones más relevantes y preocupantes del momento, y para ser tratadas por grandes especialistas españoles y europeos, hasta el extremo de que el propio Salinas, como Secretario General, y en la forma expresiva que recoge la correspondencia, se ve en la obligación de recortar la lista de profesores extranjeros propuestos. No son estas líneas más que un bosquejo de lo que ocurrió[9]. Pero ofrezco los datos objetivos, para que los historiadores o cualesquiera otros eruditos e interesados en la materia y en la época saquen sus propias conclusiones. La mía particular no hace sino reforzar esa idea de la atractivísima figura poliédrica y multifacética de mi padre.

4. El desempeño de la Secretaría del Colegio de Abogados de Madrid (1937-1939): la dignidad del oficio

He encerrado en este título no pocos perfiles, a conciencia, y dado lo protéico de la situación. Situémonos: estamos hablando de un entorno en guerra civil. Y en ella se desenvuelve la actuación de un personaje, mi padre, y dentro de unas circunstancias irreductibles a la mera expresión de las palabras. Y, dicho sea a manera de prolegómeno: refleja todo un compromiso vital. Lleva mi padre la toga hasta lo más alto del ejercicio de la profesión libre de abogado. Recordaré que en el Madrid de la época todo eran carencias y sinsabores, amén de un cuando menos soterrado odio entre gentes muy diversas de pensamiento, ideología, pretensiones y aún cultura. El, además, es doblemente funcionario, de las Cortes como Oficial Letrado, ingresado por oposición hace a la sazón más de veinte años (en 1912, concretamente), y del Ministerio de Instrucción Pública, como Titular desde octubre de 1932 (en que sucediera a su maestro, Adolfo González Posada) de la Cátedra de Derecho Político de la Universidad Complutense de Madrid. En ambos se le declarará cesante por el Gobierno legítimo, el Republicano, por no querer irse primero a Valencia y más tarde a Barcelona. Pero nadie le quitará su otra vocación, la de hombre del Foro, en su doble faceta: primero, en la defensa de sus personales ideales de la justicia práctica; segundo, en la corporativa en pro de no pocos compañeros colegiales, a los que no quiere abandonar por muy duras que sean las circunstancias.

Por eso acepta ser Secretario de la Junta de Gobierno del Colegio de Abogados de Madrid en esos años de tremenda lucha fratricida. Y las vicisitudes de lo allí ocurrido las ha contado Maximiano García Venero[10]. En el Gobierno de Juan Negrín se designó Ministro de Justicia a D. Manuel Irujo Ollo[11] en 1937 y, según cuenta el indicado autor, el Ministro Irujo, supongo que dadas las circunstancias (nada propicias, por cierto, a un normal acceso de los miembros a sus cargos mediante la oportuna elección), tuvo que recurrir a una selección de personas que no pusieran reparo a ocuparse de la Junta: «Así, la Junta designada por el ministro Irujo fue compuesta con republicanos, liberales, demócratas, hombres de toga que en su mayoría llevaban largos años ejerciendo. Asumía la presidencia don Jorge Puig de Asprer, republicano catalán que había pertenecido al partido de Lerroux, presidente de la Liga española de Derechos del Hombre y diputado por Gerona en las Cortes Constituyentes. El secretario era don Nicolás Pérez Serrano, catedrático, jurisconsulto y tratadista de Derecho. Tesorero, don Manuel Mendoza Martínez. Y eran vocales don Lorenzo Barrio y Morayta, don Manuel García Rodrigo —quien renunció por motivos de salud—, don Eugenio Elices Gasset, don José García Mateos de Mesa, don Pedro Alvarez de Osuna, don José Díaz Sama, don Isidro Lorca Jámar, don Luis Espinosa Rivas y don Fernando Vela Crespo. El orden de enumeración es el que en período normal hubiera correspondido a los diputados de la Junta de gobierno. Puig de Asprer en su discurso contestando al que había sido presidente de la Comisión Ejecutiva, declaró las aspiraciones de ir a «una normalización cada días más acentuada en la vida corporativa del Colegio». Se hallaba presente en el acto el general José Miaja, Jefe del Ejército del Centro y de la Junta de Defensa de Madrid. Don José Puig terminó su discurso con dos vítores: «¡Viva España! ¡Viva la República!»[12].

Por cierto, esa presencia del General Miaja[13] en el acto de toma de posesión les costó serias dificultades a los miembros de la Junta una vez acabada la guerra. Y subrayaré también que, en lo que yo he conocido, mantuvo mi padre una larga amistad con algunos de esos diputados de la Junta, señaladamente con Eugenio Elices Gasset, Pepe Díaz Sama e Isidro Lorca.

Prosigue García Venero con su interesante narración: «En sus dieciséis meses de gestión, la Junta intentó alcanzar el desiderátum expuesto por su presidente. Encontraría enormes dificultades. Algunas de éstas, en el interior del mismo Colegio, donde funcionaban con total desembarazo, el equipo de abogados del Frente Popular y el Sindicato adscrito a U.G. de T. Con evidente habilidad, se trató de disolver a los primeros y de llegar al desalojamiento de los segundos. Proseguía la incautación del Palacio de Justicia por los abogados, y fue acordado por la Junta —4 de diciembre de 1937— dejarla sin efecto, renunciando ante el presidente de la Sección delegada del Tribunal Supremo. El día de Nochebuena, quedó anulada la incautación. Prácticamente, la Tesorería se hallaba exangüe. La junta del Banco de España, retenía un depósito de 153.500 pesetas en Deuda Interior perpetua, y se adeudaba desde el mes de julio de 1937, unas 276.000 pesetas, de una cuenta de crédito, para la que se depositó como garantía en el mismo Banco de España, Deuda interior por valor de 477.000 pesetas. En la documentación aparecen sin liquidar las cuotas de apoyo a la Institución protectora de los huérfanos de la abogacía. La pobreza en que había caído el Colegio, a fines de noviembre, se manifiesta en la irremediable parvedad de los socorros a colegiales y a sus familias. He anotado socorros de 25, 50, 100, 150 pesetas: estas cantidades, ínfimas, tenían que ser aprobadas por la Junta que presidió Puig de Asprer porque significaban menguar aun más la Tesorería. Es sabido que la peseta de circulación corriente en la zona de la República Popular había perdido un setenta por ciento de su poder adquisitivo, relacionándola con el índice de 1935»[14].

Como se ve, las dificultades eran de una enorme complejidad. La política y la guerra lo copaban todo. Y resultaba casi imposible hacer frente a la tarea encomendada. Nadie con mediana honestidad podrá dudar de lo titánico del esfuerzo; ni siquiera del espíritu pacificador con que lo emprendieron los designados, entre ellos mi padre, a la sazón de 47 años de edad y con sus dos hijas mayores ya en el mundo (mi hermana Mabel nacida en noviembre de 1935, y mi hermana Ana María nacida en agosto de 1937).

Tareas de extrema delicadeza no faltaron: «Una de las primeras decisiones de la Junta —folios 29 y 30 del libro de actas— fue la de dar por cumplidas las sanciones impuestas a los colegiales firmantes del escrito de protesta por el asesinato de Calvo Sotelo. Era una amnistía decidida corporativamente, y equivalía al reingreso de los que fueron expulsados y perseguidos por la Comisión incautadora del Colegio en julio de 1936. Mas los grupos que se oponían al restablecimiento de la normalidad —que en cualquier caso, tendría que ser relativa— lo denunciaron al Ministerio de Justicia, y éste —18 de diciembre de 1937— pidió, por telégrafo, que se le enviara urgentemente copia de los escritos presentados al ocurrir el asesinato del colegial Calvo Sotelo. No aparecen nuevas referencias sobre el tema, pero hay una declaración, aprobada por la Junta, indicativa de su tesitura: «Nuestra Corporación es una entidad estrictamente profesional, cuyos Estatutos vinculan a la Junta». El equipo de abogados del Frente Popular, actuaba en determinados Tribunales, y recibía honorarios del Ministerio de Justicia. Una ponencia designada en el seno de la Junta, acordó que debía restablecerse el turno de oficio —16 de noviembre de 1937—. La fórmula hábil de la evolución consistiría en que para pertenecer al turno de oficio, habría que hallarse inscrito el letrado en un sindicato o pertenecer al grupo que iba a extinguirse. El acuerdo se confirmó —11 de enero de 1938— al decidir la disolución del equipo, y pedir a las dos centrales sindicales 35 nombres de abogados para formar el turno de oficio. El contragolpe de los así disueltos, se apoyó en la Dirección General de Seguridad, de la que obtuvo reconocimiento estatutario para constituir el «Grupo colectivizado de abogados del Frente Popular». La sorda pugna duró largos meses, y por fin, prosperó el acuerdo de la Junta. También prosperó el acuerdo tomado —15 de diciembre de 1937— para que el sindicato de abogados de la U.G.T. abandonara el local que ocupaba en el Colegio»[15].

Aún con todas las dificultades propias de la situación, los componentes de la Junta nos han legado, amén de su denodado esfuerzo, la preocupación —que cumplieron de forma eficaz— de documentar sus actos. Y no es imposible —dado su cargo de Secretario de aquella Junta— atribuir a mi padre la autoría de todo ello; dice, así, el mencionado autor: «La prudente —y necesaria— forma de redacción de las actas y de otros documentos, trasluce, sin embargo, las presiones de los partidos y de los sindicatos sobre la Junta, y es un eco tenue de la fricción cotidiana»[16].

Y, dentro de la tendencia a la casi imposible normalización, se puede hablar de intentos de dotar al Colegio de su estructura habitual y electivamente, y eso aún contando con las dificultades intrínsecas y ambientales del empeño; dice, respecto a esto último García Venero, en nota a pie de página que «Se observa la tenacidad con la que la nueva Junta, y quienes la secundaban, pretendían restituir a Madrid un ordenamiento que terminara con el terrible estado de excepción en que vivía la capital desde el 19 de julio de 1936. He citado el número de funcionarios de la administración de justicia asesinados. Otros se hallaban en cárceles de Madrid y de provincias. El doctor Negrín, jefe del Gobierno, ordenó —5 de enero de 1938— que se extremara la evacuación de la capital. En reunión de la Junta, don Lorenzo Barrio y Morayta sostuvo, con éxito, la tesis de que los abogados, sus familias, sus pasantes y sus auxiliares, debían quedar exentos de las órdenes de evacuación. Y no se olvide que la vida era triste, peligrosa, miserable, en Madrid. El hambre y el riesgo la señoreaban. Se hablaba de Levante como de un país feliz ...»[17]. Pues bien, con todo y con eso trató la Junta de devolver al Colegio una cierta fisonomía o apariencia externa e interna de normalidad democrática. Dice así el tantas veces citado García Venero que «también se pretendía, por la Junta, restablecer la plenitud estatutaria. El Colegio de Valencia había celebrado elecciones —27 de noviembre de 1938— y días después, la Junta de Madrid acordó solicitar autorización para convocar a Junta general electoral. Lo reiteró —31 de diciembre— con la cláusula: «cuando el Gobierno lo estime pertinente». Volvió a insistir —15 de febrero de 1939— dirigiéndose al Ministerio de Justicia ...»[18].

Cierto es que se había creado una situación de dependencia gubernamental. Pero no es menos verdad, a la luz de esos intentos, que la Junta evidenció su deseo y firme propósito de dotar al Colegio de Abogados de Madrid de un funcionamiento y organización que respondiera a su patrón clásico. Como se ve, sin embargo, fueron vanos sus esfuerzos al respecto.

No obstante, en otros ámbitos no cejó en sus pretensiones: «las gestiones a favor de los colegiales presos —algunas veces con desconocido paradero— aparecen reiteradas en las actas. Se dieron casos de abogados que fueron detenidos, en las salas de los tribunales por agentes del Servicio de Información Militar —el siniestro «SIM». Este era un «in pace» en versión contemporánea. Aquellos letrados ya ancianos, que figuraban en la Junta —Puig de Asprer, Barrio y Morayta, Pérez Serrano ...— visitaban la Dirección General de Seguridad, las cárceles —tan numerosas—, las oficinas del «SIM», insistiendo, rogando, arguyendo deberes y derechos ... Algunas veces lograban éxito. En una ocasión —noviembre de 1938— apelaron al coronel jefe del Ejército del Centro, don José Casado. Iban a pedir la libertad de unos abogados, de izquierda, detenidos por el «SIM».

La imagen es absolutamente descriptiva. Sólo le encuentro dos fallos. O, si se prefiere, habría que hacer dos precisiones al relato: una, que mi padre no era a la sazón un anciano, pues contaba con 47 años. La otra, de mayor calado, es que las gestiones en pro de letrados en ejercicio, a pesar de las difíciles circunstancias, no estaban tintadas de un solo color político, pues me consta que tales intentos de defender a los colegiales perseguidos o presos se extendieron a los de una y otra ideologías, como han atestiguado otros beneficiarios de las mismas.

No debe olvidarse, en todo caso, que la guerra avanzaba, y que no era difícil, a pocos meses vista de su finalización, intuir de qué lado se iban a decantar las cosas. Sin embargo, la Junta, en el sitiado Madrid, sigue tratando de funcionar. Cuenta el propio García Venero que «desde febrero de 1938, se proyectaba abrir un comedor colectivo para los abogados, en el que fuera servido un «cubierto decoroso por precio razonable». La Junta pensó en la Intendencia militar, y de ahí provino la visita al futuro general Matallana, que la acogió satisfactoriamente. Pero aún tardaría en abrirse lo que fue llamado «Hogar del Foro», para el que se buscó local. El 21 de agosto se inauguró en un hotel de la calle de Serrano, 136. Es interesante esa previa relación de los abogados, con dos militares que tendrían actuación decisiva, para Madrid y para el resto de España, el mes de marzo de 1939»[19].

Es Casado, coronel del Ejército Republicano, quien convoca a representantes sindicales y de partidos del Frente Popular en el Ministerio de Hacienda el 4 de marzo de 1939, y horas más tarde, ya en la madrugada del día 5, se informa a los españoles de que acaba de constituirse el Consejo Nacional de Defensa, el cual asumía todos los poderes políticos y militares, y son tres personas quienes dan la noticia a través de las emisoras de radio: el coronel Casado; el anarcosindicalista Cipriano Mera, y el que fuera Presidente de las Cortes de 1931, D. Julián Besteiro. Pues bien, la Junta del Colegio, a las pocas horas del tal anuncio, hace un muy especial comunicado. Lo cuenta así García Venero: «Veinticuatro horas después de la proclamación del Consejo de Defensa Nacional, ocho abogados pertenecientes a la Junta del Colegio —la mayoría— se reunieron en sesión extraordinaria para tomar el siguiente acuerdo —acta del 6 de marzo de 1939—: «Habiendo manifestado su opinión concorde todos los concurrentes a ella, se acordó, por unanimidad, testimoniar al Consejo Nacional, ayer constituido el acatamiento y la adhesión sin reservas de la Junta, consciente de la angustia nacional, y penetrada del alto sentido de responsabilidad que el momento impone. En tal sentido quedó redactada, para cursarla inmediatamente, la oportuna comunicación a las nuevas autoridades». Los ocho abogados eran: Barrio y Morayta, Pérez Serrano, García Mateos, Alvarez Osuna, Díaz Sama, Lorca, Espinosa y Vela»[20].

Y añadiremos dos datos más, recogidos por el propio autor al que venimos citando: de una parte, que el 23 de marzo de ese año 1939 se celebró en Burgos, la primera entrevista de los representantes del Consejo con los del Cuartel general del «Generalísimo», para examinar las posibilidades de paz. Y, de otro lado, en lo que se refiere al Colegio de Abogados de Madrid, que su Junta de Gobierno celebró su última sesión el 14 de marzo, a las doce y media de la mañana[21].

Ya sólo quedan por contar los últimos coletazos de esta cuestión, pues la tarea, a todas luces, estaba concluida. Y, lo podemos decir con absoluto orgullo familiar: ¡vaya dignidad la demostrada por la Junta saliente, y en concreto, por mi padre! Recurro de nuevo a la narración que hace García Venero, dentro del capítulo que encabeza con este título «28 de marzo de 1939: La Junta de Gobierno Provisional», pero que también podría haber designado con otro como: «La entrega de poderes». Dice así el citado autor: «Se abrían las cárceles para los presos políticos; salían de los refugios amparados por la inmunidad diplomática docenas de perseguidos; abandonaban otros escondites a veces inverosímiles que les permitieron subsistir; gentes silenciosas durante años prorrumpían en vítores... entre la muchedumbre así constituida que se había lanzado a la calle de Madrid, figuraban ciertamente, numerosos abogados. Y tomaban posesión las nuevas autoridades, designadas, tiempo atrás, por el Gobierno establecido en Burgos. El ministro de la Gobernación —aún subsistía en aquella jornada el título táctico de ministerio del Interior—, el abogado don Ramón Serrano Súñer había dirigido, meticulosamente, la compleja y ardua tarea, desde su plano gubernamental, y también desde la presidencia de la Junta Política de Falange Española Tradicionalista y de la JONS: la tarea de revivir a Madrid. Asumía el ministerio de Justicia don Tomás Domínguez Arévalo, conde de Rodezno, antiguo tradicionalista, y entonces unificado en el movimiento que acaudillaba Franco desde el 19 de abril de 1937. Mas la designación de Junta de gobierno provisional para el Colegio de Madrid, no emanó del Ministro de Justicia, sino de la Falange. El mismo día 28 de marzo entraron en el Palacio de Justicia los que habían sido designados en Burgos. Les aguardaba don Nicolás Pérez Serrano, secretario de la Junta[22], que automáticamente estaba dimitida por el hecho de la conquista de Madrid, con otros vocales. Las actas son el testimonio más riguroso y expresivo de la circunstancia. Tienen gran valor histórico. La literatura sería en este caso superflua e inconveniente. Sólo un testigo presencial podría darnos un relato más animado, a condición de que fuera perspicaz y objetivo. Creo, pues, que treinta años más tarde es notoria la necesidad de atenerse a las actas»[23].

Y resulta patente que en la redacción del acta de esta sesión ya no participa mi padre. Hay un dato significativo: en ella se habla de los «señores» que han de asumir provisionalmente la dirección del Colegio de Abogados de la capital, y de los «elementos de la Junta de gobierno que venía rigiendo esta Corporación». Pero volvamos a detenernos en lo que dice el documento que allí se firma, pues, insisto en la idea, refleja toda la dignidad que fueron capaces de demostrar, y no fue escasa ni pequeña, los señores de la Junta saliente: «En Madrid, a 28 de marzo de 1939. reunidos en el Palacio de Justicia los señores que han de asumir provisionalmente la dirección del Colegio de Abogados de esta capital, de una parte, y de otra los elementos de la Junta de gobierno que venía rigiendo esta Corporación, de común acuerdo hacen constar: 1°. Que la actual Junta de gobierno consciente de su deberes, y deseando velar en todo momento por los intereses del Colegio, acude gustosa y espontáneamente a cumplir con el que hoy la incumbe en bien de España, a saber: hacer entrega de la Corporación a los representantes autorizados del Movimiento Nacional, como en este momento lo hace. 2°. Que en su virtud, los componentes de la Junta cesan en sus cargos, trasmitiendo la función rectora del organismo, y poniendo a disposición de sus sucesores todas las dependencias, enseres y documentación. 3°. Que asimismo entregan la Caja, donde existe la cantidad de mil cuarenta y ocho pesetas, según previo arqueo ha podido comprobarse. 4°. Que igualmente facilitan el talonario de la cuenta corriente del Colegio en el Banco de España, cuyo saldo exacto se hará constar mañana por haber pedido la confirmación a dicho establecimiento. 5°. Que los nuevos titulares del Colegio reciben a su satisfacción todo ello, haciéndose cargo de los servicios a partir de este instante. Y en prueba de conformidad y animados de común espíritu y del ansia de trabajar con entusiasmo por una España mejor, ambas partes firman por duplicado esta acta, en el lugar y fecha antes indicados»[24]. Aunque lo merecen, no es éste el momento de detenerse y hacer el debido análisis de tal acta. Pero sí constatar o de reiterar que se huyó de toda expresión servil hacia los vencedores, y de producir una ordenada transición en la vida de la Corporación colegial. Tal ánimo de máxima objetividad sólo es roto, como antes subrayé, por la contraposición entre los «señores» de la Junta entrante y los «elementos» que componían la Junta saliente.

Fue más tarde mi padre sometido a diversos procesos de responsabilidad política, y depurado, como tantos miles de españoles, nada más acabar la guerra. Pero no fueron pocos los abogados que salieron en su defensa, pues era de las pocas personas que suscitan unanimidad por su recto proceder en todo momento y ocasión. Había asumido, supongo que muy a su pesar, la complicadísima tarea de ostentar la Secretaría del Colegio de Abogados de Madrid. Y los testimonios que acabo de transcribir demuestran a las claras lo impecable de su empeño y desempeño. Resulta admirable la nobleza de miras con que se afrontó la función, y la meticulosa exquisitez con que se llevó a cabo la misma en unas circunstancias siempre límites y regidas por odios nada disimulados.

Notas

[1] Estas notas biográficas de mi padre están redactadas sobre la base de mi conocimiento directo de su persona y de documentos y papeles que obran en poder de la familia. En todo caso, y a modo orientativo, pueden consultarse las siguientes Necrológicas y Semblanzas.

- Revista Administrativa y Progreso. 1932/1933. «Don Nicolás Pérez Serrano, catedrático de Derecho Político de la Central».
- Víctor García Ulibarri: «Recuerdo de Don Nicolás Pérez Serrano».
- Gregorio Peces-Barba del Brío: «Ha muerto un Maestro del Derecho».
- J.F. de St^a^. E.: «Don Nicolás Pérez Serrano».

- Luis Tejada González: «Don Nicolás Pérez Serrano». Ya. 23 de febrero de 1961.

- Tachín: «Crónica». Diario de Burgos, Domingo 19 de febrero de 1961.

- Octavio Saltor Soler: «El Aire del Ausente». El Noticiero Universal, 22 de marzo de 1961.

- Leopoldo Torres Boursault: «Don Nicolás Pérez Serrano». ABC. Domingo 19 de febrero de 1961 (pág. 95).

- Cifra: «Ha fallecido en Madrid Don Nicolás Pérez Serrano». ABC, Sábado 18 de febrero de 1961 (pág. 56).

- José de Yanguas Messía: «Nicolás Pérez Serrano». ABC, Sábado 18 de febrero de 1961 (pág. 56).

- García Cosío: «D. Nicolás Pérez Serrano. Hijo de Ceuta». El Faro, Viernes 7 de abril de 1961.

- José M. Cuenca Toribio: «Nicolás Pérez Serrano». ABC, 6 de noviembre de 1979.

- Alcazar, 6 de marzo de 1943, pág. 43. «El Profesor Pérez Serrano, en la Real Academia de Jurisprudencia». (reseña sobre el cursillo relativo a *Nuevo sentido del contrato*). Cfr. también pág. 3 del Alcazar de 20 de febrero de 1943 y asimismo pág. 2 del Alcazar de 27 de marzo de 1943.

- L.B.F.: «El jurista don Nicolás Pérez Serrano, en Tenerife». El Día, pág. 3.

- Federico Sopeña Ibáñez: «Evocación de Pérez Serrano». Informaciones, 29 noviembre de 1976, pág. 18 y 20.

- María Palancar de Pérez Botija y Gaspar Bayón Chacón: «Don Nicolás Pérez Serrano. In memoriam». Revista de Derecho del Trabajo, núm. 43, año VIII, Madrid, Enero-Febrero 1961, pág. 1 a 3.

- Anuario de Derecho Civil, Fascículo 1, Tomo XXXI, pág. 147 y 148. «Reseña» del *Tratado de Derecho Político.*

- Jesús Unciti Urniza, «Pérez Serrano, Nicolás: Humoradas, Doloras y Greguerías Jurídicas (Rapsodia intrascendente). Revista Facultad de Derecho, Universidad de Madrid, 1959, núm. 6, pág. 505 a 507.

- Luis Sánchez Agesta: «La obra póstuma de un gran Maestro». (reseña del *Tratado de Derecho Político*). Revista de Derecho Público.

- Boletín del Ilustre Colegio de Abogados de Madrid, núm. 5, 1990, septiembre-octubre, contiene, bajo la rúbrica genérica «Centenario: Nicolás Pérez Serrano (1890-1961)», los siguientes artículos: J. M. Martínez Val: Pequeña antología del Profesor Nicolás Pérez Serrano. J. M. Martínez Val: Un texto inédito del Profesor Pérez Serrano («Poder coercitivo del Estado. Su fundamento»). J. M. Martínez Val: Nicolás Pérez Serrano. Leonardo Prieto-Castro y Ferrandis: En las bodas de plata con la Cátedra. Una valoración del Profesor Pérez Serrano. Antonio Santander de la Cruz: Don Nicolás Pérez Serrano, Maestro, Abogado y Humanista. Juan Antonio Ortega y Díaz-Ambrona: Rememoración de don Nicolás Pérez Serrano. Jorge de Esteban: Don Nicolás Pérez Serrano o mi encuentro con el Derecho Político. José María Castán Vázquez: Pérez Serrano y el Derecho civil. Antonio Hernández Gil: Los Dictámenes de Pérez Serrano. Laureano López Rodó: Estudios del Profesor Pérez Serrano en el campo del Derecho Administrativo. Ramón Hermosilla: La artesanía del Derecho o don Nicolás Pérez Serrano. José Mario Armero: cuando don Nicolás Pérez Serrano explicó por primera vez Derecho Político después de la guerra civil. Guillermo SENÉN DE LA FUENTE: Recuerdos de un gran Maestro, Nicolás Pérez Serrano.

- Javier DÍAZ REVORIO: «Nicolás Pérez Serrano (Ceuta 1890-Madrid 1961)». Parlamento y Constitución, núm. 1, 1997, pág. 357 y ss.

- José ORLANDIS: «Años de juventud en el Opus Dei», Madrid, 1994 (vid. pág. 143 y 144 y las menciones que en ellas hace a Nicolás Pérez Serrano).

- Manuel PLAZA NAVARRO: *Contestación* al discurso de ingreso de Nicolás Pérez Serrano en la Real Academia de Jurisprudencia y Legislación (pág. 85 y ss) 1948.

- José María CASTÁN VÁZQUEZ. Necrológica: «El Profesor Pérez Serrano». Revista General de Legislación y Jurisprudencia, Año CIX, núm. 2, febrero de 1961, pág. 153 y ss.

- José GASCÓN Y MARÍN: *Contestación* al discurso de ingreso de Nicolás Pérez Serrano en la Real Academia de Ciencias Morales y Políticas (pág. 69 y ss.) 1947.

- José LARRAZ: *El Poder político de la sociedad jerárquica*, Madrid, 1967 (pág. 36 y ss.: «Otra vez la Cátedra de Madrid: Pérez Serrano»).

- Revista del Foro Canario, Año II, 1953, enero-abril y mayo-agosto, pág. 3 y ss.: «Retrato y presentación de un Abogado».

- Semblanza: «Nicolás Pérez Serrano», en el volumen *Los Andaluces del siglo XX*, Ateneo de Córdoba, 1996, pág. 157 y 158.

[2] Más adelante, ya fallecido mi padre (en febrero de 1961), se volvió a publicar la revista bajo la dirección de Luis SÁNCHEZ AGESTA, a partir de 1975. Por cierto, que la numeración, a mi entender, no encaja. Sostengo que en la 1ª época se publicaron 54 números; no se llegó a editar el 55/56, de julio-agosto de 1936; y, sin embargo, la nueva revista comienza con el número 57 («2ª Epoca. Año I. Vol. I.») en enero-febrero de 1975. Veamos cómo se presentaba esta nueva serie: «En 1932 tres preclaros juristas, Recaredo Fernández de Velasco, Nicolás Pérez Serrano y José Arturo Rodríguez Muñoz, fundaron la Revista de Derecho Público. La fundación entrañaba en aquella fecha una original idea de especialización. En España predominaban las revistas generales, en las que marginalmente se publicaba algún estudio de Derecho público. La nueva Revista, que abarcaba el Derecho político, el Derecho penal, el Derecho administrativo y el Derecho internacional público, con un «etcétera» que dejaba abierta la posibilidad de otras disciplinas, nacía como una revista hermana de la Revista de Derecho Privado, en un primer intento de partir por mitad los temas jurídicos en el quicio de las más antigua y tradicional de las divisiones del Derecho. Y allí hizo sus armas toda la colección. Allí, junto a estos tres ilustres fundadores, aparecen los nombres de ALVAREZ GENDÍN, BAYÓN, GARCÍA OVIEDO, GASCÓN Y MARÍN, CASTRO, LEGAZ, QUINTANO, JIMÉNEZ ASÚA, JORDANA DE POZAS, DEL ROSAL, RUIZ DEL CASTILLO, RIAZA, ROYO VILLANOVA, RUBIO, POSADA, GARCÍA MORENTE Y LLADÓ, unidos a nombres extranjeros tan prestigiosos como MIRKINE y HELLER. El último número de la serie está fechado en Madrid en julio de 1936. Pasaron los años, y cuando una nueva circunstancia hubiera propiciado la reanudación de la Revista, hacia los años sesenta, habían muerto sus ilustres fundadores y habían nacido y se habían madurado diversas revistas, al servicio de un proceso progresivo de especialización, que cubrían y aun desbordaban el campo que originalmente se les asignó. Hace unos meses los editores de la Revista de Derecho Privado convocaron una reunión de especialistas para preguntar si se estimaba conveniente y posible promover una nueva singladura de la Revista de

Derecho Público, cuyo recuerdo se guardaba como una reliquia en el patrimonio editorial (...)».

[3] Vid., por todos, los comentarios, que constituyen ya un clásico y un modelo-tipo al que ajustarse cuando se trata de glosar el nuevo Código fundamental, que mi padre publicó acerca de *La Constitución española (9 de diciembre de 1931). Antecedentes, Texto, Comentarios*, Editorial Revista de Derecho Privado, Madrid, 1932. Por cierto que Recadero Fernández de Velasco, al hacer la recensión de este libro de Comentarios (que se publica en la propia Revista de Derecho Público, núm. 3, marzo de 1932, página 94) dice lo siguiente: «la obra, por medio de notas, destaca las fundamentales relativas a su origen, a sus peripecias parlamentarias, a su significado doctrinal y positivo, todo dicho con una precisión y suficiencia, con una elevada inspiración, con un sentido de la realidad que obliga a lamentar que el crítico no hubiera sido inspirador». Y añade otros comentarios que no me resisto a transcribir: «destacaremos la página en que se discute el suprimido concepto de *nación*, «expresión tradicional, de noble abolengo y de perfecto cuño científico»; las ironías con que recibe el renacer constitucional de la provincia; los problemas que suscita la numeración de las facultades regionales; los precedentes de la *Parte dogmática*; la denuncia del estilo poco liberal al tratar los problemas religiosos; la suave defensa del sistema bicameral; las dudas que suscita el caso de disolución de las Cortes; el análisis de las facultades presidenciales; el *enaltecimiento constitucional* de la Ley de Defensa de la República, colofón que recubre todo el nuevo texto ...» «No hay que agregar que el sentido político-partidista no asoma por parte alguna. Se ha mantenido el autor en el terreno puramente científico, como profesional de Derecho público».

[4] Es curioso que no vaya la Revista, en su núm. 1, precedida de un prólogo, o introducción, o explicación de propósito, en que su Consejo de Redacción hiciese la loa del afán que les movía a emprender tal empeño —el Consejo lo formaban, para la Sección de Derecho Administrativo, D. Recaredo Fernández de Velasco, Catedrático de la asignatura de la Universidad de Madrid, D. Nicolás Pérez Serrano para la Sección de Derecho Político, en su condición de Profesor (la cátedra es de octubre de 1932) de tal materia en la Universidad Central y como Oficial de la Secretaría del Congreso, y, en cuanto a la Sección de Derecho Penal. D. José Arturo Rodríguez Muñoz, Catedrático de esa asignatura en la Universidad de Valencia.

[5] Le llegué a conocer bastante, ya muy mayor, cuando, en su silla de ruedas y acompañado por su hija Elvirita, visitaba con frecuencia a mi padre en nuestra casa de Génova 17 de Madrid.

[6] Además del que en su día publicara Gabriel GUILLÉN KALLE [Nota del editor. El elenco completo y sistematizado, elaborado por el autor de esta semblanza, de los artículos publicados por la *Revista de Derecho Público* en esa primera época aparece en la página web de la *Revista Teoría y Realidad Constitucional* http://www.uned.es/dpto-derecho-politico/teorpres.htm, en forma de *anexo* a la semblanza. En esa misma semblanza se puede ver también la nota bibliográfica final, que ahora se ha suprimido para dar uniformidad a las semblanzas recogidas en el presente libro].

[7] Nicolás PÉREZ SERRANO, *Humoradas, doloras y greguerías jurídicas (Rapsodia intranscendente)*, Madrid, 1960, pág. 25.

[8] En alguna ocasión he parafraseado el viejo adagio latino, para adaptarlo a la preocupación por lo universitario, y he hablado de *salus universitatis, suprema lex*

esto», y es indudable que tal tema cuadraba a la perfección con la actitud de mi Sr. Padre.

[9] [Nota del editor. Reproducimos y conservamos la «nota editorial» que aparecía en la semblanza original: «La reproducción literal de esa correspondencia, preparada por el autor, no se reproduce aquí por razones de espacio; pero sí aparece en la página web de la *Revista Teoría y Realidad Constitucional*, en forma de *anexo*» (http://www.uned.es/dpto-derecho-politico/teorpres.htm)].

[10] *Orígenes y vida del Ilustre Colegio de Abogados de Madrid (Derecho, foro, política)*, Madrid, 1971, págs. 393 y ss. El propio García Venero es autor de otras importantes obras: vid., a título de ejemplo, su conocida obra *Historia del parlamentarismo español*, Madrid, 1946.

[11] El cual, por cierto, y andando el tiempo, fue Vicepresidente de edad, junto con el socialista Justo Martínez Amutio, en la Junta Preparatoria que el Senado, en la reciente transición a la democracia, celebró el 13 de julio de 1977 y que inauguré yo como Secretario General de la Alta Cámara, nacida de las Elecciones Generales de 15 de junio de ese año.

[12] GARCÍA VENERO, *op. cit.* pág. 394.

[13] D. José Miaja Menant (1878-1958) ocupaba a la sazón el mando de la región militar de Madrid, como militar leal a la República. Más tarde, ya en marzo de 1939, perteneció a la Junta del Coronel Casado. Al acabar la contienda, se exilió en México y allí falleció.

[14] *Ibidem*, Pág. 394-395.

[15] Maximiano GARCÍA VENERO, *Orígenes y vida del ilustre Colegio de Abogados de Madrid*, *op. cit.*, pág. 395-396. Por cierto que estas páginas las enmarca el autor bajo el título de «los esfuerzos en pro de una relativa normalidad».

[16] Maximiano GARCÍA VENERO, *op. cit.* pág. 396.

[17] *Ibidem*, pág. 397.

[18] *Ibidem*, pág. 397.

[19] *Op. cit.*, pág. 398.

[20] *Ibidem*, pág. 399.

[21] *Op. cit.*, pág. 400.

[22] El subrayado es mío. Y sólo tiene el propósito de destacar esa gallardía o dignidad que antes me permití señalar.

[23] *Ibidem*, pág. 401-403.

[24] Tomo la transcripción una vez más de la citada obra de Maximiano GARCÍA VENERO, pág. 403.

MANUEL GARCÍA-PELAYO (1909-1991). UNA VISIÓN HEGELIANA DEL ESTADO

Antonio López Pina

Don Manuel García Pelayo ocupa una posición excepcional en la historia del derecho en España. Su biografía refleja la imagen de la sociedad española bajo el derecho del siglo XX con todas sus tensiones, simas y cumbres, mutaciones y rupturas: Monarquía limitada de doble soberanía (1876-1923), dictadura militar en connivencia con el Rey Don Alfonso XIII (1923-1930), II República (1931) hasta que estalla la guerra civil (1936-1939), dictadura del general Franco hasta su muerte en 1975, transición a la democracia y Monarquía parlamentaria[1] desde diciembre de 1978. En unas fases tan movidas de la historia española hallar al propio lugar como estudioso del Estado y del Derecho y afirmarse sin comprometerse con las relaciones de poder no debió ser empresa fácil; requirió una dosis considerable de buen ánimo y la disposición a asumir los costes de las tensiones con el poder y los poderosos. En tal sentido, el autor es digno con todo mérito de ser acogido en el parnaso de los *streitbaren Juristen*[2].

A la originalidad de su pensamiento en la historia cultural de Occidente y a su integridad, se suma el papel especial que desplegó como receptor y mediador del pensamiento alemán. Durante su juventud el debate de Weimar[3] influyó notoriamente su formación; pero, además, en el curso de su agitada biografía no sólo sus trabajos teóricos sino también su concepción del cargo público y su ejecutoria como Presidente del Tribunal Constitucional están perneados por su concepción hegeliana del Estado.

1. Vida

Nace en 1909, en Corrales de Zamora. De 1927 a 1933 estudia Derecho en la Universidad Central de Madrid. En la Residencia de Estudiantes coincidirá con Federico García Lorca, Salvador Dalí... En 1933, asiste, junto a Eustaquio Galán, Manuel Tuñón de Lara, Antonio Truyol, José Antonio Maravall, Salvador de Lissarrague y Mariano Aguilar Navarro, en la Facultad de Derecho de la Universidad Central, al seminario de Hermann Heller, declarado en Alemania traidor a la patria y desposeído de su cátedra de Derecho Público en la Universidad de Francfort del Meno[4].

Pensionado por la Junta de Ampliación de Estudios, estudiará en Viena el otoño de 1934 y a lo largo de 1935. En calidad de encargado de cátedra, enseña en 1936 Filosofía del Derecho en la Universidad Central. A final de curso marcha a la Universidad de Berlin (Carl Schmitt le recibirá en su casa de Dahlem). Estallada el 18 de julio la guerra civil, regresa de Berlin en agosto del mismo año para incorporarse al Ejército de la República, en el que llegó a tener el grado de capitán del Alto Estado Mayor. Al término de la guerra, será internado en campos de concentración y prisiones militares.

Tras de su puesta en libertad, bajo la dictadura de Franco, la carrera universitaria estaba cerrada para García Pelayo. Durante toda una década sobrevivirá dando clases particulares a opositores a los grandes Cuerpos del Estado, para decidirse, en 1951, a emigrar a Hispanoamérica. Inicialmente, enseñará en Buenos Aires y San Juan de Puerto Rico, para finalmente asumir, el año 1958, en la Universidad Central de Venezuela, Caracas, la dirección del Instituto de Estudios políticos[5].

Restaurada la democracia en España, regresa en 1979 a Madrid. En 1980, es votado Magistrado del Tribunal Constitucional y, subsiguientemente, elegido presidente. En 1983 será reelegido para un segundo mandato. Mediado 1986 renuncia a la Presidencia. Amargado por una calumniosa campaña de prensa, regresa en 1987 a Caracas, dónde fallecerá en 1991.

2. Obra[6]

La curiosidad intelectual de García Pelayo era vasta: del Derecho Constitucional vía el mito y la razón en el pensamiento político, a una teoría política de nuestro tiempo. El autor afirma «*haberse dejado llevar por la curiosidad sucesiva o simultánea sobre distintos temas, a los que ha abandonado cuando daba por satisfecho su interés intelectual o cuando consideraba que no podría progresar más en ellos*». Tal confesión es, sin embargo, un *understatement*: la diversidad de los temas y la agitada existencia de un estudioso español a caballo de continentes y épocas no empece a la integración de sus páginas, no sólo de configuraciones históricamente concretas y teoría general sino asimismo de pensamiento y ejecutoria personal en una *teoría normativa y empírica del Estado*.

De particular interés para su biografía resulta que habiendo iniciado sus publicaciones sobre el Derecho Constitucional, las cierre con reflexiones sobre el Estado constitucional y el Estado de partidos. Pero más allá de ello es de subrayar que, de un lado, su *Derecho Constitu-*

cional Comparado[7] es escrito y publicado (1950) bajo la dictadura; y, de otro, que en tal obra anticipó toda una serie de temas que madurará a lo largo de su vida. El estudio de los regímenes de Gran Bretaña, Estados Unidos, Francia y Suiza va precedido de una teoría de la constitución : «*todo poder político es poder jurídicamente organizado ... el poder sólo adquiere sentido estatal por su vinculación al Derecho ... El Derecho constitucional es el poder del Estado configurado jurídicamente, supuesto de la existencia política*». «*La Constitución forma parte integrante del orden jurídico, del orden estatal y de la estructura política. Más todo esto no quiere decir que se trate de tres objetos independientes entre sí, ni que la Constitución signifique por tanto una denominación que cubra tres tipos de realidades. Se trata, por el contrario, de tres momentos de una misma realidad, que como tales no se suponen sino que se condicionan mutuamente*».

La Constitución aparece así, para el autor, como «*estructura jurídico -política de un Estado concreto que, a su vez, se integra como componente en la estructura del Estado y de la sociedad*». Integración nacional, fundamentación de la legitimidad, estabilización del sistema político y ordenación del sistema jurídico son, según García Pelayo, las funciones de la Constitución. Los conceptos histórico-tradicional (Burke; de Maestre; Stahl) y sociológico (von Stein; Lassalle) deberán completar el concepto racional-normativo (Kant; Sieyès; Tocqueville; Constant; W. Burckhardt; Cassirer) de Constitución[8] ya que de otro modo nuestro planteamiento adolecería de insuficiencia.

Treinta años después, en 1980, el autor preside el Tribunal Constitucional como institución de nueva planta, y se siente llamado a disertar para los actores públicos sobre el *Estatus del Tribunal Constitucional.* En tal sentido, dedicará una lección magistral a la significación del Tribunal para el Estado de Derecho y la división de poderes, a su concurso a la dirección política del Estado, a, en fin, los rasgos del Tribunal como órgano jurisdiccional. Con tales páginas cubre lo que será el primer tramo de la recepción española de la reciente dogmática alemana[9], y apunta hacia cuál deba ser el camino a recorrer por la incipiente jurisprudencia.

En *El Estado de partidos*, publicado, en 1986, a su excedencia del Tribunal, García Pelayo se plantea la democracia de partidos, el Estado de partidos y sus límites. «*La ocupación de los órganos estatales por militantes sometidos a un partido puede producir una mutación real en la estructura y función de tales órganos, divergente de su estructura jurídico*

-formal, a lo que se añade que cuando dos órganos están ocupados por un mismo partido se relativiza, cuando menos, la autonomía de tales órganos y ceden las líneas de separación entre sus poderes o competencias». ¿Qué queda en el Estado de partidos de la división entre ejecutivo y legislativo más allá de la ordenación competencial de los órganos respectivos?

Territorialmente, los extremos del espectro político posible están representados respecto de la división del poder por un dominio de los partidos regionales por partidos nacionales o, en el caso opuesto, por un dominio del Parlamento nacional por partidos regionales. Ello haría de la Asamblea una cámara de representación territorial. La referencia que el autor hace al Parlamento del Imperio austro-húngaro en vísperas de su destrucción, es lo suficientemente elocuente como para eximirme de cualquier comentario.

La previsible tensión entre los intereses de partido y los intereses generales del Estado lleva a García Pelayo a manifestar una clara preferencia por gobiernos monocolor. Pero, en todo caso, el Derecho se alza para el autor como parámetro de legitimidad de la acción partidaria y, simultáneamente, como marco, límite y garantía de equilibrio entre los poderes del Estado y en el Estado. De modo semejante a como en tantas otras páginas a las que pasaremos revista a continuación, cuando García Pelayo se ocupa de los partidos su interés central gira, más bien, en torno a ese polifacético fenómeno prodigioso que, para él, es el Estado, a cuyo destino va ligada nuestra libertad.

Otro círculo temático vino dado por los problemas en torno a la construcción de una teoría política. Resultado de sus afanes en este sentido fueron sus trabajos *Sobre la significación de la Historia para la teoría política y Contribución a la teoría de los Órdenes.*

El mito y la razón en el pensamiento político ocuparon asimismo la atención del autor. García Pelayo articula su pensamiento político con el ejercicio del poder y la organización del mismo en la sociedad, en un momento histórico dado. Bajo el concepto de *formas políticas* integra en cada caso todos estos elementos. En sus reflexiones sobre el mito y la razón en el pensamiento político, recoge varias estructuras unidas entre sí por ciertas notas comunes tales como el paso de formas míticas del pensamiento político a formas racionales; el proceso de secularización de ideas, representación y conceptos que siendo originariamente eclesiásticos son transferidos al ámbito de la política; el desarrollo de tendencias ideológicas e instituciones destinadas a contribuir a la configuración del Estado moderno.

Si bien racionalidad e irracionalidad, mito y concepto están siempre presentes en las estructuras socio-políticas del pensamiento y de las actitudes y tienen, por tanto una dimensión transhistórica, no menos cierto es que sus combinaciones y la relativa presencia de cada uno de los temas son una variable histórica. De ahí que quepa distinguir entre épocas o coyunturas bajo la hegemonía de la irracionalidad y épocas o coyunturas bajo el predominio de la racionalidad, distinción que coincide a grandes rasgos con la dicotomía de sociedades sacrales y secularizadas. Ello llevó al autor a ocuparse del paso en la historia política europea de una a otra tendencia, es decir, de la sacralizada a la secularización:

El Reino de Dios, arquetipo político;
Federico II de Suabia y el nacimiento del Estado moderno;
La idea medieval del Derecho;
Las razones históricas de la razón de Estado.

Sus esfuerzos por construir *una teoría política de nuestro tiempo* giran en torno a la relación entre Estado y sociedad, un tema recurrente en él desde su temprano estudio de Lorenz von Stein. El Estado social contemporáneo le parece un intento de cancelar pugnas sociales seculares, hecho posible socioeconómicamente gracias a la aplicación de las teorías de Keynes y por el desarrollo de la economía neocapitalista y, desde el punto de vista ideológico, como final de un proceso iniciado por von Stein y actualizado por Hermann Heller[10].

Dada la difuminación de límites y el aumento cuantitativo y cualitativo de interacciones, no parece pueda entenderse el Estado de nuestro tiempo sin dar razón de la estructura de la sociedad articulada en organizaciones orientadas a objetivos racionalmente definidos. Ello es determinante para la participación de las fuerzas sociales en las decisiones del Estado y para el recurso de éste a dichas fuerzas, hasta el extremo de que buena parte de las decisiones del Estado resultan de la interacción entre órganos estatales, partidos, asociaciones de empresarios, sindicatos y movimientos civiles. En ese contexto García Pelayo cobrará conciencia de sociedades generadoras de políticas transnacionales. Tales reflexiones se traducirán en sus páginas sobre *Las transformaciones del Estado contemporáneo.*

Burocracia y Tecnocracia contiene una diversidad de expresiones de tales fenómenos: de la tecnología como sustrato del poder y, por ende, de las diferencias de potencial entre los Estados a su importancia para el nacimiento de la nueva suerte de legitimidad funcional y, quizás también, de nuevas formulaciones de la soberanía; de la generación de nuevas formas de gestión estatal, entre las que sobresale la administración tecnocrática a la interacción entre el desarrollo tecnológico y el Estado. En el marco de tales planteamientos formuló una tipología de los Estados a partir de la varia combinación de las tecnologías con otros elementos configuradotes del orden político. Tales esfuerzos le llevaron a elaborar una teoría sobre la influencia de la civilización tecnológica en la estructura, la función y la posición del Estado.

3. Genealogía intelectual y metodología

El acervo y las técnicas del Derecho Constitucional, la Filosofía del Derecho, la Sociología, en fin, la Historia serán recabados por García Pelayo para sus estudios. El Derecho ocupa un lugar central en su *Teoría del Estado*: «*el derecho no es solamente medio y producto de la política, sino que constituye también una racionalidad objetivada, un ordenamiento o sistema normativo que sirve de marco y legitimidad para la acción política*». La singularidad del autor como estudioso reside en contemplar el derecho como un orden jurídico, cuya *ratio* depende de los valores que trata de imponer y de los intereses dominantes en una determinada sociedad. En tal sentido, más que un jurista *stricto sensu* es un pensador del derecho que trata de esclarecer, desde perspectivas histórico-filosóficas, sociológicas o sociopolíticas, la relación de aquél con otras realidades parciales; así, nunca llegaron el derecho positivo o las técnicas del jurista a apasionarle. Lo que como campo de estudio le atraía era la articulación de lo jurídico y lo político, la función social del derecho constitucional, cuando cómo y por qué nace el concepto de derecho público como distinto del derecho privado, por qué razones la idea altomedieval del derecho, ligada a una determinada teología y propia de una sociedad estancada cambia en el bajo medioevo cuando surge el estamento profesional de los juristas o cómo se produce la evolución del Estado legal de Derecho al Estado constitucional de Derecho, en fin, qué valores protegen los derechos fundamentales. La atención de García Pelayo se dirige hacia el derecho como orden abierto a la historia, a lo político, a intereses sociales, a valores.

Si bien los orígenes intelectuales del autor radican en la Filosofía del Derecho, muestra una temprana inclinación hacia la *Staatslehre*. Cuando, en 1934, viaja a Viena, no lamenta la ausencia de Kelsen, ya que, por más que reconociera en él a «*uno de los grandes juristas de todos los tiempos*», no le satisfacía su Teoría Pura del Derecho: admitiendo el rigor lógico de sus construcciones, «*no puede comprenderse el Derecho plenamente si no se tiene en cuenta sus orígenes, sus fines y los valores que lo inspiran*». A ello se añade que «*la identificación entre el Estado y el Derecho, de un Derecho del que estén excluídos los criterios axiológicos, conduce a la exclusión de criterios de legitimidad metajurídica y, por tanto, a la legitimidad jurídica de cualquier tipo de régimen político*«. Más tarde le sorprendería «*el prestigio, la dogmatización y hasta la beatería alcanzados por la teoría de Kelsen después de la Segunda guerra mundial*». Pero ello se explica como reflujo de los regímenes construídos sobre el desprecio del derecho. A tal motivación reactiva «*puede añadirse, de un lado, que la teoría kelseniana parece proporcionar la rigurosa base científica que necesita una verdadera técnica jurídica y, en este sentido podría afirmarse que Kelsen estaba en la línea del espíritu de nuestro tiempo según la cual no hay técnica fiable sin una segura base científica, a la vez que la ciencia se justifica en cuanto que proporciona una base cierta a la actividad técnica; y, de otro, que la tecnicidad así fundamentada contribuye a dar sensación de neutralidad, de seguridad y hasta de asepsia a la (en muchos casos dramática) profesión de jurista*». La teoría de Kelsen proporcionaba «*un sistema cerrado del derecho que, si bien no responde a la realidad de las cosas, es heurísticamente admisible, y gracias al cual puede fortalecerse su tecnicidad, aunque, como todo sistema cerrado, no deje de albergar el riesgo de la entropía y de su descomposición ante una irrupción drástica procedente de su mundo ambiental, como bien ha mostrado la experiencia*».

El interés por la relación entre el derecho y *lo político* lleva al autor a reconocer que «*no mayor respeto* (que Kelsen) *pero sí mayor atracción le produjo el encuentro con los escritos de Carl Schmitt*». De este pensador le llama particularmente la atención «*su doctrina de la representación, su concepto de garantía institucional, su teoría del decisionismo y de la soberanía, su dialéctica amigo-enemigo y, muy particularmente, la autonomía de la política como un* logos *dotado de su propia dialéctica con independencia de su contenido*». El autor elogia la *Verfassungslehre* al ver en ella la primera teoría de la Constitución como rama autónoma tanto del Derecho Político como de la Teoría del Estado y en interacción con ambos. De Schmitt le seducen la sólida formación sociológica en la que se perciben las huellas de Marx y Weber, sus conocimientos de la historia de las ideas y quizás, sobre todo, su sentido no siempre presente en sus contemporáneos de la realidad efectiva de las cosas. Pero si bien «*ha decepcionado muchos de sus conceptos*», García Pelayo ha mantenido permanentemente las distancias respecto de las posiciones de Schmitt. En Hermann Heller descubrió una *Staatslehre* a la altura del tiempo, centrada en la categoría de organización, en la que se articulaban conceptos jurídicos y sociológicos así como el dinamismo de los acontecimientos con la permanencia de las formas y se desarrollaba la dialéctica entre normatividad y normalidad. De entre la reciente dogmática alemana le interesan particularmente las contribuciones de Konrad Hesse y Dieter Grimm[11].

La Filosofía del Derecho no podría dar respuesta a los problemas reales de nuestro tiempo (entre los que se contaba la superación del positivismo jurídico) que, a juicio del autor, sólo podían ser abordados con auxilio de la Sociología como ciencia de la realidad. García Pelayo quedó tempranamente marcado por la Sociología alemana como *Wirklichkeitswissenschaft*, como ciencia interpretativa de lo que han sido y son las formaciones sociales dadas en la historia, su estructura y desestructuración, sus formas de organización, sus elementos componentes y dominantes. Lo que el autor denominara en 1986 «*su inclinación sociológica*» comenzó como trayectoria intelectual desde la Filosofía del Derecho en dirección a la Sociología. En su esfuerzo por superar el positivismo jurídico, el autor desvió, de modo semejante a otros estudiosos españoles coetáneos, su atención hacia la Sociología. Ese camino lo llevaría a Lorenz von Stein, al joven Marx y, en especial, a Max Weber, el autor que más le impresionó y que, desde sus primeras lecturas en los años de Viena y Berlin, ejerció una duradera influencia sobre su pensamiento.

Pero ni siquiera con recurso a la Sociología, la Filosofía del Derecho y el Derecho Constitucional bastaría para elaborar una teoría general, basada en un sustrato histórico lo suficientemente amplio como para que sus formulaciones no hubieran de limitarse al mundo occidental y a la época. «*La realidad sólo se revela en su existencia histórica. Las entidades políticas son esencialmente creaciones históricas, y sólo una consideración histórica nos puede mostrar su significado fundamental*». De ahí que la reflexión intelectual haya de tener a la Historia como fundamento: «*La Historia es respecto al saber político lo que la naturaleza para la Ciencia física, es decir, el material, la empirie, sobre la que se construye su sistema de conceptos. Experiencia, lecciones, raíz del presente, historicidad insoslayable de todo lo humano: el hombre es un ser histórico cuyo pleno entendimiento sólo puede proporcionarlo la Historia*».

Según tema abordado y fase de evolución intelectual, García Pelayo reconocerá como mentores a unos u otros autores: por ejemplo, a la hora de definir las relaciones entre Constitución, Estado y sociedad hizo referencia como fuentes a Hintze, Schindler y Bryce. La dialéctica de las relaciones entre Estado y sociedad la encuentra planteada en la filosofía inglesa de los siglos XVII y XVIII, Hegel, Lorenz von Stein y Robert von Mohl. La perspectiva histórica está patente en toda su obra, haciendo reconocido la influencia de Kantorowicz, Hintze, W. Burckhardt y Gierke. Por lo que a mito y racionalidad como elementos para elaborar una teoría política de nuestro tiempo, Sorel, Jung, M. Eliade y, sobre todo, Cassirer inspiraron su pensamiento. A lo largo de los años treinta y cuarenta, el autor no se identificó con escuela u orientación definida algunas. Si bien es un ferviente receptor del horizonte intelectual de su tiempo, selecciona modelos y temas; no permaneció en la mera descripción, pero tampoco se distanció de sus materiales empíricos para conceptualizar en abstracto; siguió la tradición de Windelband, Rickert, Dilthey de una metodología de las Ciencias del espíritu para comprender la realidad social.

El autor partió de la convicción radical, de que el objeto de su estudio era uno y múltiple, mostrando más interés por el todo que por las partes. Su pensamiento es menos analítico y descriptivo que interpretativo y conceptualizador (Tomás y Valiente)[12]. Pero más allá de ello, en la realización de su tarea impuso su ideario del propio trabajo en relación con el entorno, es decir, como intelectual. En García Pelayo se da la unidad entre vida y obra, la coherencia entre convicciones y compromiso, entre creencias y trabajo, entre sustrato ideológico y producción científica. Se comprometió políticamente como ciudadano cuando y hasta dónde creyó que debía hacerlo; pero mantuvo en todo momento su independencia intelectual porque «*no he suscrito nunca la idea del intelectual comprometido que en la práctica se ha mostrado como el intelectual alienado, con frecuencia arrepentido, y cuyo resultado ha sido la pérdida de* auctoritas *de la que gozó en tiempos no tan lejanos*». No hay neutralidad, sino separación entre el ciudadano y el estudioso. El autor se consideraba «*ejemplar de una especie histórica, de una forma de vida intelectual hoy en curso de extinción; el profesor ha de luchar para mantener su independencia y la de los centros que dirige frente a la tentación del poder por instrumentalizar su obra...*» ...«*el único compromiso válido para el intelectual es el de su propia búsqueda de la realidad de las cosas con la conciencia del relativismo que tal tarea comporta*». Tal sobriedad no impedirá empero a García Pelayo, todavía en 1986, dedicar un recuerdo a José García García, «*joven socialista muerto* frente al enemigo *en noviembre de 1936 en la Casa de Campo de Madrid*».

4. Proyección

La extraordinaria presencia del autor en el escenario español no es ajena a dos fenómenos singulares: uno, la excepcionalidad bajo la dictadura de su *Derecho Constitucional Comparado*. Resulta difícil hacernos cargo hoy de lo que debió significar en la España de 1950 que un jurista reconociera trascendencia en el liberalismo: «*solo es posible la afirmación del valor y dignidad de la persona humana y el respeto debido a ella sobre la base de una participación de los individuos en ciertas verdades y valores trascendentes a todos ellos y que se hacen inmediatamente cognoscibles por la razón. Esta especie de* Logos *secularizado conduce a la idea de Humanidad y a de que ningún hombre debe encontrar obstáculos para el desarrollo y despliegue de su personalidad en las diversas esferas vitales. Por consiguiente, gira en torno a una afirmación de la libertad y a la consideración del Estado como instrumento para hacer efectiva esa libertad*». La carga explosiva de tal pasaje se aprecia pensando que, para Alemania, ello sería comparable con que, en 1938, Konrad Hesse, Christian Tomuschat, Dieter Grimm, Wolfgang Hoffmann-Riem, Peter Häberle, en fin, Gertrude Lübbe-Wolff hubieran publicado sus ideas sobre Derecho y libertad.

En segundo lugar, la excepcional proyección se explica por el despliegue del autor en la onda histórico —ideológica de la teoría socio— liberal del Estado social de Derecho que discurre de *Demokratie oder Diktatur?* (1929), de Heller[13], al art. 1.1 de nuestra Constitución y la jusrisprudencia del Tribunal Constitucional. Los fundamentos de la interpretación constitucional española traen causa del debate abierto en Weimar por Schmitt, Kelsen, Heller, Smend, Kaufmann[14]. Incluso bajo la dictadura, el discurso hegeliano-liberal centrado en el Estado, de García Pelayo, Ollero, Tierno, Murillo, Galán[15] en la *España cautiva* del interior a Francisco Ayala y Fernando de los Ríos en la *España peregrina*, acabó siendo el discurso ilustrado de las clases medias, contrapunto de la ideología de la burguesía terrateniente-patrimonialista, aliada de Franco, centrado en la propiedad (Corts Grau, Díez del Corral, Gómez Arboleya, Sánchez Agesta[16]). Las clases medias ilustradas apostaron por la evolución de un liberalismo jurídico a un liberalismo social en el que el Estado aparecía como gran mediador entre las clases sociales y sus conflictos. Si entre la burguesía terrateniente-patrimonialista y en el discurso franquista el Estado debía ser tomado y sometido a los dictados de la propiedad y de la Iglesia, en el planteamiento hegeliano-secular de García Pelayo y otros pensadores liberales eran la sociedad y las relaciones de propiedad y contractuales las que debían ser subordinadas al Estado, como instancia racionalizadota y arbitradora de los conflictos sociales[17].

La aportación a la cultura jurídica española de las alternantes mayorías en el Tribunal Constitucional, entre 1980 y 1986, presididas por el autor, de mayor irradiación y calado en sus efectos que su influencia sobre la doctrina, se explica precisamente como continuidad de la teoría socio-liberal del Estado. La dogmática elaborada y votada mayoritariamente, sobre todo, por los Magistrados Jerónimo Arozamena, Gloria Begué, Manuel Díaz de Velasco, Luis Díez-Picazo, Plácido Fernández Viagas, Gómez Ferrer, Angel Latorre, Francisco Rubio, Francisco Tomás y Valiente, Antonio Truyol y Serra lleva su sello, habiendo contribuido en gran medida a configurar la innovadora teoría jurídico pública de España.

A grandes rasgos, caracteriza a tal jurisprudencia:

Primero de todo, la fuerza normativa de la Constitución. Entretanto, no hay reticente político, financiero, empresario, policía, juez, funcionario público o nacionalista vasco o catalán que no haya asumido que la Constitución vincula no sólo a los ciudadanos sino incluso a los poderes públicos. Ello era cualquier cosa menos obvio cuando, 1980, el Tribunal Constitucional presidido por García Pelayo comienza su andadura. La sociedad española fue socializada a la idea de que a diferencia de la pauta histórica del constitucionalismo español a tenor del cual la normatividad de la Constitución dependía de las leyes, hoy la validez de éstas está función de su conformidad con la Carta Magna (SSTC 1/1981; 4/1981; 16/1982; 80/1982).

El Tribunal Constitucional hizo suyo el designio del constituyente de armar una robusta sociedad civil por medio de una tabla de derechos y libertades dotados de una garantía reforzada. En la medida en que el ejercicio de tales derechos y libertades sirve a la formación de conciencia, opinión y voluntad, aquéllos tienen una función y cobran una dimensión institucional (STC 25/1981), habiendo de orientarse su ejercicio a la realización de la institución garantizada. De este modo, los derechos subjetivos de propiedad (STC 111/1983), libertad empresarial (STC 83/1984), al trabajo y a la libertad profesional (SSTC 11/1981; 22/1981; 19/1982; 3/1983; 6/1984; 18/1984), de asociación y libertad de expresión se traducen en la diversidad de institutos de economía de mercado, relaciones laborales y opinión pública. En tal contexto tienen una función, cobran carácter y están sometidos a un estatuto públicos[18].

El Tribunal Constitucional ha definido asimismo los intereses generales o el interés público como tarea del Estado. Durante los seis años de permanencia de García Pelayo el Tribunal concretó tal postulado en las siguientes tareas:

— en la compensación de desigualdades sociales, de modo que sean garantizadas la libertad e igualdad reales y efectivas (STC 83/1984);

— en la subvención pública a las escuelas (SSTC 77/1985; 86/1985);

— en la compensación de la «*desigualdad originaria*» de la relación entre trabajador y patrono con recurso al Derecho laboral (SSTC3/1983; 14/1983);

— en la garantía del pluralismo en los (STC 6/1981); y, finalmente,

— en la garantía de la igualdad de derechos en la totalidad del territorio (SSTC 37/1981; 1/1982; 71/1982; 32/1983).

El Tribunal Constitucional ha apoyado audazmente el despliegue de las Comunidades Autónomas y garantizado institucionalmente la autonomía territorial (SSTC 4/1981; 1/1982; 76/1983)[19].

Con respecto a la garantía institucional de la Monarquía Parlamentaria como forma de gobierno, el Tribunal ha asignado a los partidos su lugar en la sociedad y determinado su naturaleza representativa y no sometido a directrices partidarias del mandato popular (SSTC 3/1981; 5/1983; 10/1983; 75/1985)[20].

No hay que admirarse de que los fuertes componentes de pensamiento negativo de la realidad (en sentido hegeliano) del carácter del autor así como su disposición a ser consecuente y su integridad a todo trance en el ejercicio de su mandato como magistrado hayan sido en la España de los años ochenta objeto de controversia[21]. Pero incluso jueces y juristas que mantienen una actitud crítica respecto de alguna que otra sentencia fallada durante su mandato como presidente, estarían de acuerdo con mi balance de su ejecutoria: con García Pelayo llega a su cumbre la tradición española de las cátedras de Derecho Político y Filosofía del Derecho de saberes universales y recurso al Derecho al servicio de un proyecto emancipatorio de *vocación cívica universal* (Kant). Más aún, habiendo sido bajo la dictadura de Franco identificado como *un vencido* de la guerra civil, al asumir la presidencia del Tribunal Constitucional serviría al espíritu de reconciliación nacional querido por los Constituyentes[22]. El nombre del autor permanece en consecuencia como referencia para competencia profesional e integridad moral vivo en la memoria de las instituciones, la jurisprudencia y la inteligencia españolas.

Notas

[1] Cfr. Voto particular al párrafo tercero del art. 1° del anteproyecto de Constitución, intervención del Diputado Luis Gómez Llorente, Congreso de los Diputados, Pleno de 11 de mayo de 1978; debate en Comisión Constitucional del Senado, intervención del Senador Antonio López Pina, 18 agosto de 1978 Constitución Española. Trabajos parlamentarios, Madrid: Cortes Generales, 1980.

[2] Cfr. *Streitbare Juristen: eine andere Tradition*, Kritische Justiz Hrsg., Baden-Baden: Nomos Verlagsgesellschaft, 1988.

[3] Cfr., MICHAEL STOLLEIS, *Geschichte des öffentlichen Rechts in Deutschland. Weimarer Republik und Nazionalsozialismus*, München: Verlag C. H. Beck, 1999.

[4] Cfr. HERMANN HELLER, *Escritos políticos*, edición, selección, prólogo y epílogo de A. López Pina, Madrid: Alianza Editorial, 1985.

[5] Cfr.: NJAIM, H., «La experiencia venezolana en el pensamiento político de García Pelayo», en *Anthropos*, n° 59, Barcelona: Anthropos Editorial del Hombre, 1986.

[6] *Obras Completas*, Madrid: Centro de Estudios constitucionales, 1991.

[7] Madrid: *Revista de Occidente*, 1950.

[8] Cfr.: A. LÓPEZ PINA, «Die Entstehung der Verfassung», en *Spanisches Verfassungsrecht*, hrgbn. von A. LÓPEZ PINA, Heidelberg: C. F. Müller Juristischer Verlag, 1993.

[9] Si bien el Tribunal Constitucional significará un paso decisivo en la recepción de la dogmática alemana, ello no debe interpretarse en el sentido de que la sensibilidad de los juristas españoles no les haya llevado previamente a hacerse eco de obras importantes: cfr. la versión española de Luis Díez-Picazo, publicada en Civitas, de *Topik und Jurisprudenz*, de TH. VIEHWEG, Manchen: C. H. Beck, 1974, fünfte erweiterte Auflage.

[10] Cfr.: HERMAN HELLER, *Teoría del Estado*, México: Fondo de Cultura económica, primera edición en español 1942; id. *Escritos políticos*, edición, prólogo y epílogo de A. LÓPEZ PINA, Madrid: Alianza Editorial 1985.

[11] Comunicación oral en conversaciones mantenidas durante su segundo mandato como Presidente del Tribunal Constitucional Cfr.: *Constitución y Derecho constitucional; Significado de los derechos fundamentales* capítulos I y III de KONRAD HESSE; *Los partidos políticos,* capítulo VIII de DIETER GRIMM, en *Manual de Derecho constitucional*, BENDA, MAIHOFER, VOGEL, HESSE, HEYDE, edición, prolegómena y tradución de A. LÓPEZ PINA; Prólogo a segunda edición de MIGUEL ANGEL GARCÍA HERRERA, segunda edición, Madrid: Marcial Pons Ediciones Jurídicas, 2001; DIETER

GRIMM, *Constitucionalismo y Derechos fundamentales*; ANTONIO LÓPEZ PINA, «Estudio Preliminar», Madrid: Editorial Trotta, 2006.

[12] Vid. FRANCISCO TOMÁS Y VALIENTE, *Manuel García Pelayo. Del exilio a la presidencia del Tribunal Constitucional*, Madrid: Fundación Españoles en el Mundo, 1993.

[13] Vid. *Escritos políticos op. cit.* nota a pié de página (4).

[14] Vid. MICHAEL STOLLEIS, *Geschichte des öffentlichen Rechts in Deutschland. Weimarer Republik und Nazionalsozialismus*, 1999 nota a pié de página (3).

[15] Cfr.: CARLOS OLLERO (1912, Carrión de los Condes, Palencia - 1993), *Derecho y teoría política en el proceso constituyente español*, Madrid: Centro de Estudios constitucionales, 1986. Id. «Dinámica social, desarrollo económico y forma política (a Monarquía Siglo XX)», *Discurso de recepción en la Real Academia de Ciencias Morales y Políticas*, Madrid: Sesión de 15 de Marzo de 1966. Id. *Die Politische Wissenschaft in Spanien*, Berlin, 1962. Id. *Estudios de Ciencia Política*, Madrid: Editora Nacional, 1955. Id. «El control de constitucionalidad de las leyes en el constitucionalismo de la post-guerra», en *Archivo de Derecho Público*, 1949. Id. *El Derecho constitucional de la postguerra. Apuntes para su estudio*, Barcelona: Librería Bosch, 1949. Id. *Introducción al Derecho político. La consideración científica de las relaciones entre la sociedad y el Estado*, Barcelona: Librería Bosch, 1948. Enrique Tierno Galván (Madrid, 1918-1986) «Enrique Tierno Galván. El hombre, el intelectual y el político», *SISTEMA. Revista de Ciencias sociales*, Junio de 1986. Id. *Cabos sueltos*, Barcelona: Editorial Bruguera, 1981. 1977-1978, Debates Cortes Constituyentes, *Constitución Española. Trabajos parlamentarios*, Madrid: Cortes Generales, 1980. Id., *¿Qué son las izquierdas?*, 1976. Id., *España y el Socialismo*, Madrid: Túcar, 1976. Id., «Reflexiones sobre el proceso de mi evolución intelectual», Revista *Sistema* 1973. Id., *Antología de Marx*, Madrid: Cuadernos para el Diálogo, 1973. Id., *Macias Picavea y el regeneracionismo*, 1972. Id., *El marxismo y el problema de la inducción*, 1972. Id., «Un Derecho Constitucional para una fase de transición», *Boletín Informativo de Ciencia Política*, nº 10, 1972. Id., *La Humanidad reducida*, Madrid: Taurus, 1971. Id., *Razón mecánica y razón dialéctica*, Madrid: Ed. Tecnos 1969. Id., *Babeuf y los Iguales.Un episodio de socialismo premarxista*, Madrid: Tecnos, 1968. Id., *Diderot como pretexto*, Taurus, 1964. Id., «La realidad como resultado», en E. Tierno Galván, *Escritos (1950-1960),* Madrid: Ed. Tecnos, 1971. Id., *Conocimiento y Ciencias sociales* , Madrid: Ed. Tecnos, 1966. Id., *Humanismo y Sociedad, (1960-1963)* , Barcelona: Seix y Barral, 1964. Id., Estudios reeditados bajo el título de *Escritos* (1950-1960), Madrid: Ed. Tecnos, 1971. Id., *Tradición y modernismo* , 1962. Id., «Anatomía de la conspiración», *Boletín* , Salamanca 1962. Id., *Costa y el Regeneracionismo*, Barcelona: Editorial Barna, S. A. 1961. Id. Recensión de la *Festschrift homenaje a Carl Schmitt*, *Revista de Estudios Políticos*. Id., *Introducción a la Sociología*, 1960. Id., Estudios reeditados bajo el título de *Escritos*, (1950-1960), Madrid: Ed. Tecnos, 1971. Id., «Los supuestos scotistas en la teoría política de Jean Bodin», 1954*, en* E. TIERNO GALVÁN, *Escritos (1950-1960),* Madrid: Ed. Tecnos, 1971. Id., «Acerca de la Ilustración en España», 1954*,* en E. TIERNO GALVÁN, *Escritos (1950-1960)*, Madrid: Ed. Tecnos, 1971. Id., «El Tacitismo en las doctrinas políticas del Siglo de oro español»*, 1942,* en E. TIERNO GALVÁN, *Escritos (1950-1960)*, Madrid: Ed. Tecnos, 1971. Id., «Funcionalismo y federalismo europeo», *Boletín Informativo*, Salamanca, 1955. Id., «Sociología y situación», *Boletin*

Informativo, 1955. Id., «Benito Cereno o el mito de Europa», nº 36, *Cuadernos Hispanoamericanos*. Id., Asociación para la Unidad Fundacional Europea, constituida el 26 de Noviembre de 1955. Los objetivos de la Asociación están contenidos en dos ensayos: «XII tesis sobre el funcionalismo europeo, y Funcionalismo y federalismo europeo», *Boletín*, Salamanca 1955. FRANCISCO MURILLO FERROL (Granada, 1918-2004), *Intervención*, Acto de entrega del Premio Nacional de Sociología y Ciencia Política, 2002. Id. «Conversación con Fernando Vallespín, Un maestro en tiempo de patronos», Revista *Claves*. Id. *Confusión y un poco de vértigo*, Junio 1994, «Prólogo» *a La Sociedad española, 1993-1994*. Id. *El nacionalismo del fin de siglo*, Madrid: Universidad Autónoma de Madrid, 1990. Id. *Ensayos sobre sociedad y política*, vols. I y II, Barcelona: Ediciones Península, 1987. Id. «Dificultades», *Revista del Departamento de Derecho Político*, nº 6, Primavera 1980. Id. «Los orígenes de Las clases medias en España», en *Historia social de España. Siglo XIX*, Madrid: Guadiana de Publicaciones, 1970 (¿). Id *Estudios de Sociología política*, Madrid: Ed. Tecnos, 1962. Id *Las clases medias españolas*, Granada: Publicaciones de la Escuela Social de Granada, 1959. Id. *Saavedra Fajardo y la política del Barroco*, Madrid: Instituto de Estudios políticos, 1957. Id. «Consideraciones sobre la democracia», en *Revista de Estudios Políticos*, 1952. EUSTAQUIO GALÁN, «La concepción estatal de Heller en referencia a la filosofía de su época», *Revista General de Legislación y Jurisprudencia*, septiembre-diciembre 1945.

[16] Cfr.: JOSÉ CORTS GRAU, *Curso de derecho natural*, Madrid: Editora Nacional, 1970. Id. , *Motivos de la España eterna*, Madrid: Instituto de Estudios Políticos, 1946. LUIS DÍEZ DEL CORRAL, *El Liberalismo doctrinario*. ENRIQUE GÓMEZ ARBOLEYA (Granada, - 1959), *Historia de la Estructura y del Pensamiento social*, Madrid: Instituto de Estudios Políticos, 1957. Id., *Estudios de Teoría de la Sociedad y del Estado,* Madrid: Instituto de Estudios Políticos, 1962. *Homenaje a Enrique Gómez Arboleya*, edición de Julio Iglesias de Ussel, Granada: Universidad de Granada, 1987. LUIS SÁNCHEZ AGESTA (1914-1997), *La Constitución de 1876 y el Estado de la Restauración*, Madrid: Fundación Santa María, 1985. Id., Recensión a *Derecho constitucional comparado*, de MANUEL GARCÍA PELAYO, en *Revista Española de Derecho constitucional*, nº 13, 1985. Id., «La ciencia política y el análisis del proceso de decisión», (*¿Discurso de ingreso en la Academia de Ciencias Morales y Políticas?*) 1978. Id., «Las cinco grandes preguntas de la filosofía y la ciencia política»,en *Homenaje al Prof. García Pelayo*, Madrid, 1980. Id., «Orígenes de la política social en la España de la Restauración», *Revista de Derecho político*, nº 8, 1980-1981. Id., «Política y Derecho», en *Filosofía y Derecho.Estudios en Homenaje a José Corts Grau*, Universidad de Valencia, 1977. Id., *Bien común*, en Diccionario de Ciencias Sociales, Madrid: Instituto de Estudios Políticos, 1975. Id., «Orígenes, evolución y crisis del régimen constitucional», en *La España de los años setenta,* ed. de M. FRAGA IRIBARNE, Madrid: Editorial Moneda y Crédito, 1974, Tomo I. Id., «El Estado de Derecho», *Razón y Fe*, nº 900, 1973. Id., «La doctrina social de Juan XXIII y el orden económico y social español», *Revista de Trabajo*, nos. 41-42, 1973. Id., *España al encuentro de Europa*, Madrid: Biblioteca de Autores cristianos, 1971. Id., «Iniciativa personal e intervención de los poderes públicos en el campo económico. La Constitución económica de los Estados», en *Comentarios a la Mater et Magistra*, Madrid: Biblioteca de Autores cristianos, 1968. Id., «La función constitucional del juez», en *Anales de la Real Academia de*

Jurisprudencia y Legislación, 1967 (por esas fechas ya debía ser académico; Ollero ingresó en 1966 en la Academia de Ciencias Morales y Políticas). Id., «Técnica jurídica de la libertad», *Atlántida*, nº 3, 1963. Id., «La Pacem in terris en el contexto general de la doctrina política de la Iglesia», en *Comentarios a la Pacem in terris*, Madrid : Biblioteca de Autores Cristianos, Madrid, 1963. Id., *Los principios cristianos del orden político*, Madrid: Instituto de Estudios políticos, 1962. Id., «Die Entwicklung der spanischen Verfassung seit 1936. Die Verfassung als ein dynamischer Prozess«, en *Jahrbuch des öffentlichen Rechts*, Band 10, 1961. Id., «Maeztu y el tema histórico», en *Estudios jurídico-sociales.Homenaje a Luis Legaz y Lacambra*, Universidad de Santiago de Compostela, 1960. Id., *Cara y Cruz del Liberalismo*, Ateneo de Madrid, 1961. Id., *Historia del constitucionalismo español*, primera ed., 1954. Id., «Sentido sociológico y político del siglo XIX», *Revista de Estudios políticos*,nº 75, 1954, pgs. 23-43. Id., «Ideología y orden constitucional», *Anuario de Filosofía del Derecho*, Madrid, 1954, pgs. 89-99. Id., «Los principios del constitucionalismo español. Soberanía nacional y Constitución interna», *Archivo de Derecho público*, nos. 6-7, 1953-1954. Id., *El pensamiento político del despotismo ilustrado*, 1953. Id., *Jovellanos y la crisis del despotismo ilustrado*, Archivo de Derecho público, nº 4, 1951. Id., *En torno al concepto de España*, Ateneo de Madrid, Madrid 1951. Id., «El bien común y el problema de la política», *Archivo de Derecho público*, nº 3, 1950, pgs. 90-109. Id., *Teoria y realidad en el conocimiento político*, Granada: Universidad de Granada, 1945. Id., «Orden y tranquilidad. La evolución social (Del orden viejo y el orden nuevo)», Boletín de la Asociación Católica Nacional de Propagandistas, 1 Mayo 1944. Id., *Lecciones de Derecho político*, Granada: Imprenta H. de Paulino Ventura, 1943-1945. Id., *Teoría de la Política y del Estado*, Granada, 1943. Id., *Historia del sistema de la Ciencia del Derecho privado*, Tesis doctoral, inédita, Universidad de Granada, 1941.

[17] Vid. A. LÓPEZ PINA, «Die spanische Staatsrechtslehre. Prolegomena für den deutschen Leser», en *Spanisches Verfassungsrecht*, Hrsg. A. LÓPEZ PINA, Heidelberg: C. F. Müller Verlag, 1993; versión en castellano «Doctrina española del Derecho constitucional», *Debate abierto. Revista de Ciencias Sociales*, nº 4, Primavera 1991.

[18] Cfr.: A. López Pina, «Cap. III: De los Principios rectores de la Política social y económica», en *Comentarios a la Constitución Española de 1978*, Tomo IV, Edición de ÓSCAR ALZAGA VILLAAMIL, Madrid: Cortes Generales; Editoriales de Derecho Reunidas, 1996; id., «La iniciativa privada y los derechos fundamentales. Los intereses generales, mandato constitucional», *Revista de Teoría y Realidad Constitucional*, Madrid: Universidad Nacional de Educación a Distancia, 2008.

[19] Vid. P. CRUZ VILLALÓN, «Die Rechtsprechung des Verfassungsgerichts zu den Autonomen Gebietskörperschaften (1981-1986)», en *Spanisches Verfassungsrecht, op. cit.* Nota a pié de página (8); id., «Verhältnis des Einflusses des deutschen Verfassungsrechts zu den Einflüssen aus anderem ausländischen Verfassungsrecht: Landesbericht Spanien», *in Grundgesetz und Deutsche Verfassungsrechtsprechung im Spiegel Ausländischer Verfassungsentwicklung*, CH. STARCK Hrsg., Baden-Baden: No mos Verlagsgesellschaft, 1990; id., «Zehn Jahre spanische Verfassung», in *Jahrbuch des öffentlichen Rechts der Gegenwart*, Neue Folge/Bd. 37, Hrsgbn von Peter Häberle, Tübingen: J. C. B. Mohr (Paul Siebeck), 1988.

[20] Cfr., *Democracia representativa y Parlamentarismo*, edición de A. LÓPEZ PINA, Madrid: Publicaciones del Senado, 1994.

[21] Vid., FRANCISCO TOMÁS Y VALIENTE, *Manuel García Pelayo. Del exilio a la presidencia del Tribunal Constitucional*, *op. cit.* nota a pié de página (12).

[22] Cfr. LANDELINO LAVILLA, *Política de la Memoria*, Discurso de recepción, Madrid: Real Academia de Ciencias Morales y Políticas, Sesión de 12 diciembre 2006; A. LÓPEZ PINA, «Die Aufarbeitung der Geschichte in Spanien. Straf-und prozessrechtliche Reformen zur Zeit der Verfassungsgebung», in *Jahrbuch des öffentlichen Rechts der Gegenwart*, Neue Folge/Band 41, Hrsgn. von Peter Häberle, Tübingen: J. C. B. Mohr (Paul Siebeck), 1993.

ESTE LIBRO SE TERMINÓ DE IMPRIMIR
EN LOS TALLERES DE IMPRENTA
TARAVILLA, S.L. EN EL MES
DE OCTUBRE DE 2015